Vom individuellen zum kollektiven Verbraucherschutz

POTSDAMER RECHTSWISSENSCHAFTLICHE REIHE

Herausgegeben von
Univ.-Prof. Dr. Dieter C. Umbach, VRLSG a.D.

Band 20

PETER LANG
Frankfurt am Main · Berlin · Bern · Bruxelles · New York · Oxford · Wien

Dieter C. Umbach/Daniel Dettling (Hrsg.)

Vom individuellen zum kollektiven Verbraucherschutz

Amerikanische „class action“, europäische Produkthaftung und deutsches Rechtssystem

Redaktion:
Dr. Ingo Palsherm

PETER LANG
Europäischer Verlag der Wissenschaften

Bibliografische Information Der Deutschen Bibliothek
Die Deutsche Bibliothek verzeichnet diese Publikation in der Deutschen Nationalbibliografie; detaillierte bibliografische Daten sind im Internet über <http://dnb.ddb.de> abrufbar.

Umschlaggestaltung:
Dipl.-Des. Gabriele Kuhnke, Karlsruhe/Ettlingen.

Redaktion:
Dr. Ingo Palsherm.

ISSN 1615-360X
ISBN 3-631-53380-2

www.peterlang.de

VORWORT

Dieser Band geht auf eine Tagung an der Universität Potsdam zurück, die im März 2004 stattfand. Als Hauptthema war auf vielfachen Vorschlag gewählt worden: „Verbraucherschutz und der Standort Deutschland -aktuelle Herausforderungen der europäischen Produkthaftung und des deutschen Rechtssystems." Die nachfolgenden Beiträge geben den Ablauf und die Vorträge bzw. Referate der Teilnehmer weitgehend wörtlich wieder, d. h. der Vortragsstil wurde im wesentlichen beibehalten. Hinzugekommen ist der thematisch einleitende grundsätzliche Beitrag von Kyrill-Alexander Schwarz.

Die Tagung- oder wie es modern heißt: Workshop – brachte u.a. Wissenschaftler, Praktiker aus den in diesem Bereich spezialisierten großen Anwaltskanzleien und Ministerialbeamte aus den zuständigen Ministerien zusammen, um eine höchst aktuelle Problematik zu diskutieren, die auch den Gesetzgeber veranlasst hat, einen soeben erschienenen und hier erstmals mit den Erläuterungen publizierten Gesetzesentwurf (siehe Anlage in Teil IV) vorzustellen.

Mit der Tagung hat die Universität Potsdam auf neuere Entwicklungen des Verbraucherschutzes im Zusammenhang mit der US-amerikanischen „class action" und der europäischen Produkthaftung reagiert. Der Rechtsstandort Deutschland steht vor neuen Herausforderungen, deren Ausmaß noch schwer vorherzusagen ist und deren Bewältigung noch fraglicher ist. Dass die Skepsis gegenüber dem US-amerikanischen Institut –manche sprechen von einem Alptraum – der „class action" ein Merkmal der gemeinsamen Einschätzung war, ist ebenso signifikant wie die überwiegende Meinung, hier ein eigenes, sei es deutsches oder europäisches Institut für sog. Sammel- oder Massenklagen zu entwickeln.

Zu besonderem Dank sind wir natürlich vorrangig den Referenten und Diskutanten, aber auch den Mitarbeitern des „alten" Lehrstuhls vor allem Herrn Ingo Palsherm, Herrn Alexander Schliep, Frau Linda Merschin und Frau Kathrin Petersen verpflichtet. Sie haben die Tagung erheblich mitorganisiert, mitdurchgeführt und nachbearbeitet.

Potsdam/Berlin, im Juli 2004

Dieter C. Umbach
Universitätsprofessor

EINLEITUNG

„Sammelklagen – neue Herausforderungen für den Rechtsstandort Deutschland“

Das Prinzip des Wettbewerbs unterliegt wie andere Grundsätze auch dem Gesetz der Veränderung. Wettbewerbspolitik und Wettbewerbsrecht ändern sich. Zunehmend gewinnt die wirtschaftliche Betrachtung an Bedeutung gegenüber der rein juristischen Sichtweise. Hinzu kommt ein weiterer Trend: Verbraucherinteressen überlagern bzw. verdrängen zudem immer mehr den Schutz des Wettbewerbs als wichtigstes Ziel. Die Tendenz zu einer Ausdehnung des Anleger- und Verbraucherschutzes und einer gleichzeitigen Verschärfung der Organhaftung ist eindeutig. Zwischen Verbraucher- und Umweltschutz einerseits und unternehmerischer Freiheit und wirtschaftlicher Effizienz andererseits besteht insofern verständlicherweise ein natürliches Spannungsverhältnis.

Da nicht zuletzt im Rahmen der Globalisierung und der Fusionswelle auch fast alle deutschen Konzerne Tochterfirmen in den USA haben bzw. auf dem dortigen Markt tätig sind, sehen sich diese immer häufiger Klagen von mehreren Betroffenen, den sogenannten Sammelklagen, ausgesetzt. Betroffen sind vor allem Unternehmen aus der Chemie- und Pharmabranche, zunehmend aber auch, wie der aktuelle Fall der Deutschen Telekom zeigt, die Kommunikationsindustrie.

Der Deutsche Juristentag hat sich 1998 in Bremen in seiner zivilrechtlichen Abteilung mit der Frage der Bewältigung von Massenschäden befasst und dabei auch die zivilprozessualen Aspekte diskutiert. Das Plenum sprach sich, wenn auch nicht einstimmig, so doch im Ergebnis für die Einführung einer spezifischen Gruppenklage für diese Fälle aus. Massenschäden sind nicht der einzige, aber ein wichtiger denkbarer Anwendungsfall für eine kollektive Klage, vor allem dann, wenn man damit die Fälle erfasst, in denen in großer Zahl auftretende Schädigungen auf eine gemeinsame Ursache zurückzuführen sind. Darunter fallen Groß- und Industrieunfälle wie Flugzeugabstürze, Eisenbahn- oder Schiffsunglücke und Atomunfälle.

Ein weiterer Bereich für die Sammel- bzw. Massenklage ist die Produkt- und Herstellerhaftung sowie wettbewerbswidrige und verbraucherschädigende Vertriebsmethoden, nicht zuletzt Fälle des Anlagebetruges, in denen jeweils ein gleichartiges Verhalten des Schädigers ursächlich wird. Der Schaden der Betroffenen kann hierbei grundsätzlich variieren von beträchtlichen Personen- und Sachschäden bis zu geringfügigen Vermögenseinbußen, die etwa bei unwirksamen Regelungen für Bankgebühren in Allgemeinen Geschäftsbedingungen oder dem Unterschreiten der auf der Warenpackung angegebenen Füllmenge eines Produktes im Einzelfall nur wenige Euro oder gar Cent betragen, in der Addition dem Anbieter aber beachtliche Summen rechtswidrig verschaffen (sog. Streu- oder Bagatellschäden).

Um den Industriestandort Europa wettbewerbsfähig zu halten, starteten Ende 2003 Bundeskanzler Schröder, Präsident Chirac und Premierminister Blair eine gemeinsame Initiative und forderten von der europäischen Kommission eine verstärkte Rücksichtnahme auf die Sicherung der internationalen Wettbewerbsfähigkeit der EU. Wesentlicher Bestandteil der Initiative ist eine umfassende Folgenabschätzung rechtlicher Maßnahmen über die ganze Wertschöpfungskette hinweg - also unter Einbeziehung der Sektoren, die der Industrie vor- und nachgelagert sind, die sogenannte „impact analysis" oder „Verträglichkeitsprüfung".

Die „Verträglichkeitsprüfung" steht für eine neue Politik des „better regulation" der drei großen Industrieländer (ausführlich *Arnold* in diesem Band). Dahinter steht die Einsicht der Politik, dass die gravierenden wirtschaftlichen Probleme in den Kernländern Europas zu einem guten Teil auf Überregulierung und auf schlechte, eine falsche Anreize setzende Regulierung zurückzuführen sind. Der Internationale Währungsfonds kommt beispielsweise in einer Modellrechnung zu dem Ergebnis, dass Verbesserungen des regulatorischen Rahmens in Europa auf längere Sicht bis zu sieben Prozent Wirtschaftswachstum bringen könnten.

Neben der Überregulierung steht der deutsche Wirtschafts- und Rechtsstandort vor einer zweiten Herausforderung, die nicht vom Staat, sondern von den Verbrauchern kommt: in fast allen europäischen Staaten kam es in den letzten zehn Jahren zu einem dramatischen Anstieg von Klagen wegen vermeintlich fehlerhafter Produkte. Insgesamt dürfte die Zahl der Klagen nach Einschätzung der Kanzlei Lovells, die im letzten Jahr eine Studie für die Kommission vorlegte, weiter ansteigen (vgl. dazu *Volz*, S. 23 ff.). Verbraucher würde in vielen Staaten vermehrt Sammelklagen anstrengen. Medienberichte über diese Schadensersatzforderungen, sowie ein größeres und weiter verbreitetes Wissen um Verbraucherrechte und der bessere Zugang zu Rechtshilfe hätten laut Lovells die Bereitschaft zu Klagen stärker erhöht als europäische Richtlinien.

In den USA sind die „class actions“ ein seit Jahrzehnten von der Wirtschaft gefürchtetes Instrument, das aufgrund der mit ihr verbundenen hohen Schadensersatzforderungen („punitive damages“) ganze Zweige wie die Asbest- oder Siliconindustrie vernichtet hat. Auch in Deutschland zeigt der Fall Telekom, dass „class actions“ nicht nur ein amerikanisches Phänomen sein müssen. Das Landgericht Frankfurt hatte 2004 Tonnen an Klagen zu bearbeiten. Die Arbeitsfähigkeit des Gerichts war monatelang beeinträchtigt.

Mit zunehmendem Interesse verfolgt eine breite Öffentlichkeit in Deutschland politische, gesellschaftliche und wirtschaftliche Entwicklungen in den Vereinigten Staaten und immer häufiger machen diese auch in Deutschland Schlagzeilen. Verbraucherverbände und zunehmend auch die Politik fordern daher die Einführung von Sammelklagen in Deutschland (kritisch dazu *Söffing*). Droht den Unternehmen nun eine „Amerikanisierung“ des Rechts mit kaum abzuschätzenden finanziellen Folgen? Wie könnte eine „deutsche Lösung“ aussehen, die die Ziele Verbraucherschutz und Wettbewerbsfähigkeit vereinbart?

Die Verfahrensform der Sammelklage ist dem deutschen Zivilprozess fremd (ausführlich *Reuschle*). Dennoch ist die class action gerade keine Eigenart des amerikanischen Zivilprozesses, die für die Kontinentaleuropäer keine Bedeutung erlangt, da sich im zunehmend internationalisierten Rechts- und Wirtschaftsverkehr auch für deutsche Parteien Auswirkungen ergeben können und eine Beteiligung Deutscher an solchen Massenverfahren nicht undenkbar erscheint.

Das Bundesministerium für Justiz hat einen Gesetzentwurf zur „Musterklage“ für den Anlegerschutz im Kapitalmarktbereich vorgelegt (siehe die Anlage in Teil IV), der Vorbildwirkung für weitere Rechtsbereiche haben könnte. Die Einführung der US-amerikanischen Sammelklage würde, so die Einschätzung des Ministeriums, den individualistisch geprägten Rechtsschutzgrundsätzen des deutschen Verfassungs- und Prozessrechts zuwiderlaufen. Daher sollen stattdessen in einem „Musterverfahren“ die einzelnen Klagen ausgesetzt und nach Abschluss des Verfahrens entschieden werden. *Reuschle* plädiert daher für einen „dritten Weg“ der kollektiven Rechtsdurchsetzung, der die Nachteile der in anderen Jurisdiktionen praktizierten Verfahren zur Bewältigung von Massenschäden vermeiden soll. Das Problem ist jedoch, dass eine solche Regelung nur Sinn macht, wenn deutsche Gerichte für diese Fälle ausschließlich zuständig sind.

In Zivil- und Handelssachen wird dies aber aufgrund des europäischen Gemeinschaftsrechts und mangelnder globaler Vereinbarungen kaum möglich sein, so dass das „Musterverfahren" das Phänomen der Sammelklage kaum in Griff bekommen dürfte. Warum fürchtet der Rechtsstandort Deutschland die Sammel- oder Kollektivklage? Diese verhilft dem Verbraucher schneller oder überhaupt erst zu seinen Rechten. Das Prozessrisiko wird durch diese Form der Klage erheblich minimiert. Es ist jedoch nicht nur der Verbraucher, der durch eine Kollektivklage materiell profitiert. Auch dem stark überlasteten Justizwesen wäre geholfen, wenn nicht Verfahren von Hunderten von einzelnen Klägern von Gerichten entschieden werden müssten, sondern diese in einem Prozess geklärt werden.

Es wird weder ökonomisch noch rechtlich ausreichen, die „class action" als modernen Irrläufer eines vermeintlich unkalkulierbaren US-amerikanischen Prozesssystems zu verteufeln. Ein wirtschaftlich professionell agierendes Unternehmen wird die Möglichkeit einer Sammelklage als festes Risiko eines ausländischen Marktes akzeptieren und darauf vorbereitet sein. Das Beispiel der Bayer AG zeigt, dass man auch in den USA mit der richtigen Strategie und bei entsprechender anwaltlicher Vertretung einen Rechtsstreit gewinnen kann (so *Mahlich* in diesem Band).

Industriepolitik wird sich auch in Zukunft in einem „magischen Viereck" von Produkthaftung, Innovationsfreudigkeit, Qualität und Wettbewerbsfähigkeit bewegen (vgl. *Volz*). Die drei genannten Faktoren müssen daher in ein ausgewogenes Verhältnis gebracht werden, wenn die Wettbewerbsfähigkeit des deutschen und europäischen Standorts insbesondere gegenüber den USA gesichert werden soll. Das Produkthaftungsrecht wird somit zum entscheidenden Standortfaktor. Die Einführung der amerikanischen Sammelklage ohne den strafähnlichen Charakter exorbitanter Schadensersatzforderungen hat der Standort Deutschland nicht zu fürchten, weder wirtschaftlich noch rechtlich, wenn und weil die von Sammelklagen ausgehende rechtliche und finanzielle Unsicherheit beseitigt oder zumindest abgemildert werden kann (siehe den Beitrag von *Wulfetange*).

Ein gutes Beispiel für das fehlende Verständnis der Industriepolitik auf europäischer Ebene ist die fehlende Sensibilität für Gesetzesauswirkungen auf die internationale Wettbewerbsfähigkeit. So ist z.B. die neuerlich geplante Novelle der EU-Produkthaftungsrichtlinie mit deutlich strengeren Haftungsregeln für Unternehmen verbunden. Zudem kam es in fast allen europäischen Staaten in den letzten zehn Jahren zu einem dramatischen Anstieg von Klagen wegen vermeintlich fehlerhafter Produkte.

Der internationale Vergleich zeigt, dass sich auch der deutsche Gesetzgeber mit der Möglichkeit wird befassen müssen, die Verbandsklage, die bisher nur in Form von Unterlassungsklagen möglich ist, ggf. auf die Geltendmachung von Schadensersatz auszudehnen (dazu *Schwarz* für das öffentliche Recht). Damit stellt sich unausweichlich die Frage nach der Alternative bzw. Abgrenzung zur echten Gruppenklage („Sammelklage"). Die Sammel- oder Kollektivklage stellt für das Rechtswesen ein zwiespältiges Schwert dar. Einerseits könnte sie dem Verbraucher schneller oder überhaupt erst zu seinen Rechten verhelfen. Ohne einer kollektiven Wahrnehmung seiner Interessen wird dieser schließlich kaum bei Bagatellschäden Klage erheben, da seine Gerichtskosten hierzu in keinem Verhältnis stehen würden.

Es ist jedoch nicht nur der Verbraucher, der durch eine Kollektivklage materiell profitieren könnte. Auch das stark überlastete Justizwesen könnte profitieren, wenn nicht die Verfahren von Hunderten von einzelnen Klägern von Gerichten entschieden werden müssten, sondern diese in einem Prozess geklärt würden. Neben der Einsparung von Justizressourcen spricht ein weiter Grund für Kollektivklagen: bei einer großen Zahl von annähernd identischen Verfahren wird es fast zwangsläufig zu leicht unterschiedlichen Ergebnissen kommen. Nicht nur schadet dies dem Ansehen der Justiz, es widerspricht auch den Grundsatz der „Gleichheit vor dem Gesetz". Selbst wenn man mit dem Bundesverfassungsgericht davon ausgeht, daß die föderale Rechtspflege bis zu einem gewissen Grade konstitutionell uneinheitlich ist (vgl. BVerfGE 87, 273 [278]). Es besteht also dringender Klärungs- und Handlungsbedarf des Gesetzgebers, um den permanenten Status der Rechtsunsicherheit zu überwinden. Kann eine klare und effektive Regelung die viel gefürchtete Kommerzialisierung des Rechtswesens durch stark profitorientierte Anwaltskanzleien vermeiden? Nicht nur dieser Frage ging die Tagung der Universität Potsdam im Frühjahr 2004 nach. Die Beiträge und Positionen der Referenten liegen nun in abgedruckter und überarbeiteter Fassung vor. Dafür möchten sich die Herausgeber bei allen Beteiligten bedanken.

Prof. Dr. Dieter C. Umbach   Daniel Dettling

INHALTSÜBERSICHT

ABKÜRZUNGSVERZEICHNIS

a.F.	alte Fassung
aaO.	am angegebenen Ort
AöR	Archiv des öffentlichen Rechts
Art.	Artikel
Aufl.	Auflage
BB	Der Betriebs-Berater
BDI	Bundesverband der Industrie
BGBl.	Bundesgesetzblatt
BGHZ	Bundesgerichtshof – Entscheidungen in Zivilsachen
BMJ	Bundesministerium der Justiz
BMWA	Bundesministerium für Wirtschaft und Arbeit
BNatSchG	Bundesnaturschutzgesetz
BörsG	Börsengesetz
BT-Drs.	Bundestagsdrucksachen
BVerfG	Bundesverfassungsgericht
BVerfGE	Entscheidungen des Bundesverfassungsgerichts
BVerwG	Bundesverwaltungsgericht
BVerwGE	Entscheidungen des Bundesverwaltungsgerichts
bzw.	beziehungsweise
d.h.	das heißt
d.i.	das ist
Diss.	Dissertation
DÖV	Die Öffentliche Verwaltung
DVBl.	Deutsches Verwaltungsblatt
EG	Europäische Gemeinschaft
EGV	Vertrag über die Gründung der Europäischen Gemeinschaft
Ergl.	Ergänzungslieferung
EU	Europäische Union
EUV	Vertrag über die Gründung der Europäischen Union
EWG	Europäische Wirtschaftsgemeinschaft
f., ff.	folgend(e)
F.G.	Friedrich Gottlob

Fn.	Fußnote
FS	Festschrift
GG	Grundgesetz für die Bundesrepublik Deutschland
GVG-E	Gerichtsverfassungsgesetz im Entwurf
HbStaatsR	Handbuch des Staatsrechts
Hrsg.	Herausgeber
IMF	International Monetary Fund (Internationaler Währungsfond)
JZ	Juristen-Zeitung
KapMuG-E	Kapitalanleger-Musterverfahrensgesetz im Entwurf
LG	Landgericht
m.w.N.	mit weiteren Nachweisen
MdL	Mitglied des Landtages
NdsOVG	Niedersächsisches Oberverwaltungsgericht
NdsVBl.	Niedersächsische Verwaltungsblätter
NJW	Neue Juristische Wochenschrift
NuR	Natur und Recht
NVwZ	Neue Zeitschrift für Verwaltungsrecht
ÖRGBl.	Bundesgesetzblatt für die Republik Österreich
OVG	Oberverwaltungsgericht
PHi	Haftpflicht international, Recht und Versicherung
ProdHG	Produkthaftungsgesetz
Rdnr.	Randnummer
Reichsgesetzbl.	Reichsgesetzblatt
S.	Seite
sog.	sogenannt
SpruchG	Spruchverfahrensgesetz
StuW	Steuer und Wirtschaft
u.a.	und andere, unter anderem
u.s.w.	und so weiter
UmwG	Umwandlungsgesetz
UN	United Nations (Vereinte Nationen)
VerwArch	Verwaltungsarchiv
vgl.	vergleiche

VVDStRL	Veröffentlichungen der Vereinigung der Deutschen Staatsrechtslehrer
VwGO	Verwaltungsgerichtsordnung
WM	Wertpapiermitteilungen
z.B.	zum Beispiel
z.T.	zum Teil
ZG	Zeitschrift für Gesetzgebung
ZPO	Zivilprozessordnung
ZPO-E	Zivilprozessordnung im Entwurf
ZZP	Zeitschrift für Zivilprozess
ZZPInt.	Zeitschrift für Zivilprozess International

I. TEIL

„US Class Action vs. Kollektivklagen"; Rechtsfragen im Zivil- und Öffentlichem Recht

A. Funktionsäquivalente der amerikanischen Class-Action im deutschen Verwaltungsprozessrecht

Kyrill-A. Schwarz

I. EINLEITUNG

Rechtsvergleichung als Methode der Rechtsgewinnung ist – wie auch die Rechtsprechung des Europäischen Gerichtshofs[1] zeigt – ein anerkannter und nutzbringender Weg zur Rechtsfindung. Schon insoweit liegt es nahe, ein typisches Gestaltungsmittel des amerikanischen Prozessrechts in den Blick zu nehmen, um so die möglichen Anwendungsbereiche im deutschen öffentlichen Recht auszuloten. Dies gilt umso mehr, als auch im deutschen Schrifttum[2] zunehmend die Class Action in den Focus des wissenschaftlichen Interesses rückt.

Allerdings – und dies dürfte ein erster bemerkenswerter Befund sein – ist der Anwendungsbereich der Class Action offensichtlich auch im angloamerikanischen System nicht allein auf dem Zivilrecht zuzuordnende Fallgruppen beschränkt; vielmehr finden sich neben den typischen Fallgestaltungen der Massenunglücke[3], der toxischen Massenschäden[4] oder der Pro-

---

[1] Zur Gewinnung allgemeiner Rechtsgrundsätze ausführlich auch: *P. M. Huber*, in: Streinz, EUV/EGV, 2003, Art. 220 EGV Rdnr. 14; *J. Schwarze*, in: *ders.*, EUV/EGV, 2000, Art. 220 EGV Rdnr. 17; *C. Starck* JZ 1997, S. 1021 (1029 f.); *B. Wegener*, in: Callies/Ruffert, EUV/EGV, 2. Aufl., 2003, Art. 220 EGV Rdnr. 29.

[2] Siehe nur *D. Baetge/S. Eichholtz*, Die Class Action in den USA, in: Basedow/Hopt/Kötz (Hrsg.), Die Bündelung gleichgerichteter Interessen im Prozess, Verbandsklage und Gruppenklage, 1999, 287 ff.; *S. Eichholtz*, Die US-amerikanische Class Action und ihre deutschen Funktionsäquivalente, 2002; *A. Holzhüter*, Die Class Action im US-amerikanischen Kapitalmarktrecht, 2004.

[3] *Causey ./. PanAm. World Airways, Inc.*, 66 F.R.D. 392 (E.D.Va. 1975); *Petition of Gabel*, 350 F.Supp. 624 (D.C.Cal. 1972).

[4] Siehe beispielsweise *Ahearn ./. Fibreboard Corp.*, 162 F.R.D. 505 (E.D.Tex. 1995) bezüglich Asbestschäden; *In re Agent Orange Product Liability Litigation*, 506 F. Supp 762 (D.C.N.Y. 1980), modified, 100 F.R.D. 718 (E.D.N.Y. 1983) hinsichtlich der durch den Einsatz von Agent Orange verursachten Schäden.

dukthaftungsfälle[5] sowie den kartell-[6] und patentrechtlichen[7] Verfahren, den Verbraucherschutzverfahren[8] und gerichtlichen Auseinandersetzungen im Bereich des Umweltrechts[9] auch Fallgestaltungen, bei denen die Class Action der Durchsetzung von Civil Rights zu dienen bestimmt ist[10]. Schon diese letzte Gruppe dürfte zeigen, daß das Instrument der Class Action nicht nur der Bewältigung von Streuschäden dient, sondern als ein generelles prozessrechtliches Instrument angesehen werden kann, bei dem eine Person oder eine Personengruppe sowohl im eigenen Namen als auch zugleich als Repräsentanten einer Gruppe auftreten, deren Mitglieder durch gleichartige Ansprüche miteinander verbunden sind. Dabei entfaltet das Ergebnis der Class Action dann Rechtskraft für alle Betroffenen, auch wenn diese nicht selbst unmittelbar an dem Verfahren beteiligt und oftmals auch nicht namentlich bekannt sein müssen.

Der folgende Beitrag will auf der Grundlage einer kurzen Begriffsdefinition (dazu unter B) versuchen, zunächst auf einer abstrakten Ebene das rechtliche Koordinatensystem aufzuzeigen, in das sich eine Class Action im deutschen öffentlichen Recht einordnen lassen muss (dazu unter C). Dabei geht es insbesondere um die Frage, ob die Kollektivierung von Interessen und eine entsprechende „gebündelte" Durchsetzung zum einen mit der Rechtsschutzgarantie des Art. 19 IV GG zu vereinbaren ist oder ob sie vielleicht geradezu verlangt wird. Zum anderen ist der Frage nachzugehen, ob und inwieweit die Strukturprinzipien des deutschen Verwaltungsrechts – und dies gilt in erster Linie für das Prozessrecht – mit dieser Kollektivierung zu vereinbaren sind. Hier geht es insbesondere um die das deutsche Recht beherrschende Lehre vom subjektiven öffentlichen Recht. In einem weiteren Schritt soll dann der Nachweis geführt werden, dass das deutsche Verwaltungsrecht längst – auch wenn dies nicht ausdrücklich kenntlich gemacht wird – Bausteine einer solchen Kollektivierung von Interessen kennt.

---

[5] Dies gilt insbesondere für Schädigungen durch Medikamente, vgl. nur: *In re Bendectin Product Liability Litigation*, 102 F.R.D. 239 (S.D.Ohio), rev'd, 749 F.2d 300 (6th Cir. 1984).

[6] *In re Catfish Antitrust Litigation*, 826 F.Supp. 1019 (N.D.Miss. 1993); *In re Antibiotic Antitrust Actions*, 333 F.Supp. 267 (S.D.N.Y 1971).

[7] Vgl. dazu nur *Research Corp ./. Pfister Associated Growers, Inc.*, 301 F.Supp (N.D.Ill 1969).

[8] *Arenson ./. Whitehall Conv. & Nursing Home*, 164 F.R.D. 659 (N.D.Ill. 1996).

[9] *Oulette ./. International Paper Co.*, F.R.D. 476 (D.Vt. 1980); *Biechele ./. Norfolk & Western Railway Co.*, 309 F.Supp 354 (N.D.Ohio 1969).

[10] Zu diesen Fallgestaltungen, bei denen primär die Rassen- oder Geschlechtsdiskriminierungen sowie die Haftbedingungen in Gefängnissen Verfahrensgegenstand waren, siehe nur die Nachweise bei *S. Eichholtz*, (Fn. 2), S. 38 ff.; *A. Holzhüter*, (Fn. 2), S. 21 Fn. 12-14.

Dies soll anhand von zwei prozessualen Beispielen aufgezeigt werden (dazu unter D), um dann in diesem Zusammenhang auch kritisch auf ein neuartiges Instrument, das ebenfalls dem US-amerikanischen Rechtssystem entstammt und dessen Anwendung in Deutschland auch im Schrifttum[11] jüngst gefordert wird – nämlich die finanz- und haushaltsrechtliche Verbandsklage -, einzugehen.

II. Wesensmerkmale der Class Action

Ungeachtet aller bereichsspezifisch notwendigen Differenzierungen kann zunächst festgehalten werden, dass der Class Action zum einen zentrale Bedeutung für die Prozessökonomie zukommt. Dies gilt sowohl für die Sicherung der Einheitlichkeit der Rechtsprechung als auch für die Entlastung der Gerichte durch die Kollektivierung von Verfahren mit identischen Tatsachen- und Rechtsfragen[12]. Daneben dient die Class Action aber auch dem Schutz eines Beklagten, der bei identischen Sachverhalten nicht mit einer Vielzahl von Klagen konfrontiert werden soll[13]. Ein weiterer Aspekt, auf den zurückzukommen sein wird, ist der Umstand, dass die Class Action aber auch der Einhaltung des materiellen Rechts zu dienen bestimmt ist und damit letzthin dem öffentlichen Interessen dient[14]; ihr kommt insoweit ein nicht zu unterschätzendes Steuerungspotential zu, weil schon die Möglichkeit einer Class Action hier eine entsprechende normgerechte Verhaltenssteuerung bewirkt.

Allerdings sollte nicht übersehen werden, dass es sich bei der Class Action um ein zivilprozessuales Instrument handelt, dessen Ausgestaltung nicht zu der Annahme verleiten darf, dem US-amerikanischen Recht sei der Rekurs auf das subjektiv-öffentliche Recht bei der Bestimmung der Initiativberechtigung generell fremd. Auch wenn in den Vereinigten Staaten bis heute keine eigenständige Verwaltungsgerichtsbarkeit existiert, so hat das amerikanische Verwaltungsrechtsschutzsystem mit Art. III Section 2 der Verfassung eine Bestimmung, die die Jurisdiktionsgewalt der Bundesgerichte auf die Entscheidung von „cases and controversies" beschränkt, was jedenfalls einer uneingeschränkten Öffnung der Initiativberechtigung zu

---

[11] Ausführlich *H. Jochum*, Empfiehlt es sich, das deutsche Finanz- und Haushaltsrecht um eine Verbandsklage zu ergänzen?, in: Finanzreform, Beitrag 2004-6, S. 92 ff., http://www.finanzreform.de

[12] Vgl. insoweit nur: *Advisory Committee*, 39. F.R.D. 98, 102 f. (1966)

[13] Siehe dazu nur aus der Rechtsprechung: *General Tel. Co. of the Southwest ./. Falcon*, 457 U.S. 147, 102 S.Ct. 2364, 2371 (1982); *American Pipe & Construction Co ./. Utah*, 414 U.S. 538, 553, 94 S.Ct. 756, 766 (1979)

[14] Siehe dazu auch *S. Eichholtz*, (Fn. 2), S. 10 ff.; *A. Holzhüter*, (Fn. 2), S. 20.

einer uneingeschränkten Popularklage widerstreiten dürfte[15]. Vor diesem Hintergrund verlangte denn auch die Rechtsprechung zunächst ein „legal right" – also ein subjektives Recht – für eine gerichtliche Kontrolle von Administrativentscheidungen[16]. Auch wenn dieser Ansatz zunächst durch die Theorie der spezialgesetzlichen Zuerkennung der Initiativberechtigung abgelöst wurde[17], so ist in der Gegenwart mit dem filigranen System des injury in fact- and zone of interest-Test ein System gefunden, das im Ergebnis mehr einem objektiven Kontroll- als einem subjektiven Rechtsschutzverfahren entspricht[18], auch wenn einzelne Erfordernisse wie das no third party-Kriterium[19] oder die Abgrenzung zwischen generalized und particularized Beschwer[20] zugleich subjektive Komponenten aufzeigen dürften.

III. Vereinbarkeit der Class Action mit Strukturprinzipien des deutschen Rechts

Zunächst gilt es festzuhalten, dass Class Actions, soweit sie auch im öffentlichen Interesse und nicht lediglich zur Durchsetzung subjektiver Rechte erhoben werden, nicht von der Rechtsschutzgarantie des Art. 19 IV GG erfasst werden; diese normiert nur einen verfassungsrechtlichen Mindeststandard, ist aber nicht als eine Institutsgarantie eines ausschließlich individualrechtlich geprägten Rechtsschutzsystems zu interpretieren[21]. Insoweit lässt sich jedenfalls Art. 19 IV GG auch kein Numerus Clausus einer subjektiven Rechtsschutzfunktion entnehmen[22]. Dies ergibt sich gleichermaßen aus der einfachgesetzlichen Konkretisierung der

[15] So auch *D. Ehlers*, VerwArch 84 (1993), S. 139 (159 f.).

[16] Siehe nur *Tennessee Electric Power Co. ./. Tennessee Valley Authority*, 306 U.S. 118 (1939).

[17] *FCC ./. Sanders Brothers Radio Station*, 309 U.S. 470 (1940).

[18] Vgl. nur *D. Ehlers*, VerwArch 84 (1993), S. 139 (170).

[19] Dazu aus der Rechtsprechung *Warth ./. Seldin*, 422 U.S. 490, 499 (1975).

[20] Siehe dazu *Valley Forge College ./. American United*, 454 U.S. 464, 474 (1981).

[21] So aber *F. Weyreuther*, Verwaltungskontrolle durch Verbände?, 1975, S. 87: *„Der verwaltungsgerichtliche Rechtsschutz ist zwar subjektiv-rechtlich gestaltet, dabei aber individuell-rechtlich gedacht."*; wie hier dagegen: *L. Michael*, Die Verwaltung 2004, S. 35 (37).

[22] Vgl. insoweit auch *H. Sodan*, in: Sodan/Ziekow, VwGO, 6. Ergl., 2003, § 42 Rdnr. 358; *R. Wahl*, in: Schoch/Schmidt-Aßmannn, VwGO, 9. Ergl., 2003, Vorb. § 42 Abs. 2 Rdnr. 16; *R. Wahl/P. Schütz*, in: Schoch/Schmidt-Aßmannn, VwGO, 9. Ergl., 2003, § 42 II Rdnr. 241. Auch das Bundesverwaltungsgericht – *BVerwGE* 78, 347 (348) – geht davon aus, daß der Gesetzgeber mit § 42 II VwGO eine unbedenkliche Möglichkeit geschaffen hat, über die Mindestanforderungen des Art. 19 IV GG hinauszugehen. Anders aber wohl *P. M. Huber*, in: v. Mangoldt/Klein, GG, 4. Aufl., 1999, Art. 19 Rdnr. 357 u. 359 unter Hinweis auf *BVerwG*, NVwZ 1996, 901 (904), der die Wahrnehmung öffentlicher Belange durch nicht in ihren Rechten verletzte Personen oder durch eine privatrechtliche Vereinigung als Durchbrechung der individualrechtlichen Ausrich-

verfassungsrechtlichen Vorgaben[23] in § 42 II VwGO, wonach Prozessstandschaften und Popularklagen nur ausgeschlossen sind, „...*soweit gesetzlich nichts anderes bestimmt ist.*" Der Gesetzgeber ist daher nicht gehindert, den Verwaltungsgerichten andere und insoweit auch neuartige Aufgaben zuzuweisen[24]; es dürfte daneben sogar davon auszugehen sein, dass die Fixierung auf den subjektiven Rechtsschutz zunehmend gemeinschaftsrechtlich perforiert wird[25], wie sich dies im Bereich des Umweltschutzes[26] bereits nachzeichnen lässt.

Auch mit Blick auf die Gewaltenteilung ist nicht davon auszugehen, die Class Action verstoße gegen das Gewaltenteilungsprinzip, weil das grundgesetzliche System die Gerichte ausschließlich auf den Schutz subjektiv-öffentlicher Rechte beschränke. Vielmehr hat schon *R. v. Gneist*[27] auf den damit verbundenen Zirkelschluss hingewiesen. Tatsächlich besteht kein Widerspruch zwischen der Entscheidung über Klagen – auch – im öffentlichen Interesse und der den Verwaltungsgerichten obliegenden Aufgabe einer Rechtskontrolle der Verwaltung – auch, aber nicht ausschließlich – im öffentlichen Interesse. In diesem Zusammenhang ist auch zu berücksichtigen, dass auch eine „Letztverantwortung der Verwaltung" für die Rechtsanwendung in concreto nicht bedeuten kann, dass die Behörde ohne weitergehende Rechtskontrolle über zwingendes Recht entscheiden dürfte. Gerade weil die Initiierung eines gerichtli-

---

tung des deutschen Rechtsschutzsystems ansieht und diese damit auch nicht von Art. 19 IV GG erfasst ansieht; ähnlich auch *W. Krebs*, in: v.Münch/Kunig, GG, 5. Aufl., 2000, Art. 19 Rdnr. 58; *H. Krüger/M. Sachs*, in: Sachs, GG, 3. Aufl., 2003, Art. 19 Rdnr. 126; *H. Schulze-Fielitz*, in: Dreier, GG, 2. Aufl., 2004, Art. 19 IV Rdnr. 43; siehe ferner auch *BVerfG (K)*, NVwZ 2001, 1148 (1149).

[23] Zum Verwaltungsrecht als konkretisiertem Verfassungsrecht: *F. Werner*, DVBl. 1959, S. 527 ff.

[24] So auch in der Literatur: *P. M. Huber*, (Fn. 22), Art. 19 Rdnr. 357 u. 359; *W. Krebs*, (Fn. 22), Art. 19 Rdnr. 58; *H. Krüger/M. Sachs*, (Fn. 22), Art. 19 Rdnr. 126; *H. Schulze-Fielitz*, (Fn. 22), Art. 19 IV Rdnr. 43; *H. Sodan*, in: Sodan/Ziekow, (Fn. 22), § 42 Rdnr. 358; *R. Wahl/P. Schütz*, (Fn. 22), § 42 II Rdnr. 37.

[25] Dies scheint auch das Bundesverwaltungsgericht zu erkennen, vgl. nur dessen Präsidenten *E. Hien*, in: DVBl. 2003, S. 685 (686): „*Dabei wird auch die betonte Ausrichtung der deutschen Verwaltungsgerichtsbarkeit am Schutz subjektiver Rechte auf dem Prüfstand stehen.*"

[26] RL 2003/35/EG des Europäischen Parlaments und des Rates vom 26.5.2003 über die Beteiligung der Öffentlichkeit bei der Ausarbeitung bestimmter umweltbezogener Pläne und Programme und zur Änderung der Richtlinien 85/337/EWG und 96/91/EG des Rates in Bezug auf die Öffentlichkeitsbeteiligung und den Zugang zu Gerichten, ABl. Nr. L 156 vom 25.6.2003, S. 17 ff.

[27] *R. v. Gneist*, Der Rechtsstaat und die Verwaltungsgerichte in Deutschland, 2. Aufl., 1879, S. 271: „*Wenn man dagegen sagt, Voraussetzung jeder Rechtsprechung sei, dass zwei Subjecte über den Umfang ihres Rechtskreises mit einander streiten, jede Rechtsprechung also nur zu denken als ein Schutz ‚subjectiver Rechte', so ist dies eine civilistische petitio principii.*"

chen Verfahrens nur dazu führt, dass die Gerichte zur Rechtskontrolle berufen sind, verstößt eine Class Action auch insoweit nicht gegen den Grundsatz der Gewaltenteilung[28].

Soweit man – insoweit vergleichbar zu den im Schrifttum[29] bezüglich der Verbandsklage geäußerten Bedenken – der Class Action ihre demokratische Legitimation absprechen möchte, kann auch dieser Einwand grundsätzlich nicht überzeugen. Selbst wenn eine Class Action den Klägern und der dahinter stehenden Gruppe von Interessenten eine herausragende Rolle zuweist, so ist dies ein generelles Phänomen des Einflusses partikularer Interessen auf das Gemeinwohl[30], hat aber keine Auswirkungen auf die demokratische Legitimation, da die Kläger selbst keinerlei staatliche Gewalt ausüben, sondern vielmehr nur ein Tätigwerden der demokratisch legitimierten Gerichtsbarkeit initiieren[31]. Man mag im Umkehrschluss vielmehr sogar der Auffassung sein, dass die Kollektivierung von Ansprüchen – und dies ist eine deutliche Parallele zur Class Action im US-amerikanischen Recht – mittelbar der Durchsetzung des demokratischen legitimierten Rechts dient und so gerade geeignet ist, bestehende Demokratiedefizite abzubauen[32]. Gewissermaßen als Nebeneffekt lässt sich so auch die mit dem subjektiven Rechtsschutz einher gehende Gefahr der Partikularisierung von Rechtspositionen zu Lasten von Allgemeininteressen vorbeugen[33].

Kann man damit zunächst zu dem Zwischenergebnis kommen, dass die Class Action jedenfalls nicht gegen verfassungsrechtliche Grundprinzipien verstößt, so kann man umgekehrt auch die Frage aufwerfen, ob dieses prozessrechtliche Instrument denn auch verfassungsrechtlich geboten ist. So zutreffend es zunächst ist, dass die Durchsetzung der Rechtsordnung selbst – wie auch die Schutzgüter des Ordnungsrechts zeigen – ein legitimes öffentliches Interesse darstellt, so kann gleichwohl nicht übersehen werden, dass das deutsche Rechtsschutzsystem in Art. 19 IV GG den Rechtsweg nur zum Schutz subjektiv-öffentlicher Rechte garan-

---

[28] Vgl. dazu auch im Schrifttum: *R. Wahl/P. Schütz*, (Fn. 22), § 42 II Rdnr. 243.

[29] Siehe nur *F. Weyreuther*, Verwaltungskontrolle durch Verbände?, 1975, S. 24 ff.; *R. Scholz*, ZG 18 (2003), S. 248 (251 f.).

[30] Dazu auch in der Literatur: *H. Schulze-Fielitz*, Theorie und Praxis parlamentarischer Gesetzgebung, 1988, S. 264 ff.

[31] Dazu auch *L. Michael*, Die Verwaltung 37 (2004), S. 35 (39).

[32] Zu diesem Gedanken siehe auch *G. Lübbe-Wolff*, in: VVDStRL 60 (2001); S. 246 (278 f.).

[33] Ausführlich zu diesem Problem: *H. H. v. Arnim*, Gemeinwohl und Gruppeninteressen, 1977, S. 303 ff.

tiert[34], die objektive Rechtskontrolle daher von untergeordneter Bedeutung ist[35] und für die Class Action jedenfalls dieser Anknüpfungspunkt insoweit gewahrt sein muss, als die Kläger jedenfalls auch im eigenen Namen handeln müssen[36].

Allerdings ist dabei auch mit Blick auf Art. 19 IV GG zu berücksichtigen, daß diese Bestimmung jedenfalls die Frage nicht beantwortet, wann das für den Rechtsschutz als Anknüpfungspunkt notwendige subjektive Recht auch besteht, da die Rechtswegsgarantie keine rechtsbegründende Wirkung hat, sondern die Existenz solcher schützenswerten Rechte gerade voraussetzt[37], die Reichweite der Rechtsschutzgarantie mithin von einer anderweitigen normativen Ausgestaltung abhängt[38]. Insoweit begegnet es keinen grundsätzlichen Bedenken, auf der Ebene des Verfahrens- oder des Prozessrechts eine Class Action zu normieren, da es eine originäre Entscheidung des Gesetzgebers ist, ob und in welchem Umfang dem einzelnen subjektive Rechte durch Gesetz eingeräumt werden sollen[39].

IV. FUNKTIONSÄQUIVALENTE IM DEUTSCHEN ÖFFENTLICHEN RECHT

1. Die Verfahrensverbindung nach § 93a VwGO

Ein erstes Beispiel für Kollektivierungstendenzen im deutschen Verwaltungsprozessrecht findet sich in der Bestimmung über Musterverfahren nach § 93a VwGO. Nach dieser durch das Vierte Gesetz zur Änderung der Verwaltungsgerichtsordnung[40] mit Wirkung zum 1. Janu-

---

[34] *W. Krebs*, (Fn. 22), Art. 19 Rdnr. 58; *H. Schulze-Fielitz*, (Fn. 22), Art. 19 IV Rdnr. 43; *R. Wahl*, (Fn. 22), Vorb. § 42 Abs. 2 Rn. 4. Insoweit ist davon auszugehen, daß das Rechtsstaatsprinzip nicht verlangt, daß jede objektive Rechtsverletzung Gegenstand einer gerichtlichen Entscheidung werden muss, vgl. insoweit nur *L. Michael*, Die Verwaltung 37 (2004), S. 35 (40).

[35] Dazu schon frühzeitig: *K. A. Bettermann*, DVBl. 1953, S. 163 (164); *F. C. Menger*, DÖV 1955, S. 587 (591).

[36] Nur dies vermag auch das Leitbild des Grundgesetzes zu verwirklichen, das mit dem Schutz subjektiver öffentlicher Rechte den Schutz von Individualität und Personalität verwirklichen will, um so – wie das Bundesverfassungsgericht schon frühzeitig – *BVerfGE* 10, 264 (267) – zum Ausdruck gebracht hat, die „Selbstherrlichkeit" der vollziehenden Gewalt im Verhältnis zum Bürger zu beseitigen.

[37] *BVerfGE* 15, 275 (281); 51, 176 (185); 69, 1 (49); *BVerwGE* 60, 154 (161); 84, 375 (377).

[38] Vgl. nur aus der Rechtsprechung: *BVerfGE* 61, 82 (110); 83, 182 (194 f.); *BVerfG (K)*, NVwZ 1998, 1060 (1061).

[39] *BVerfGE* 78, 214 (226); 83, 182 (194 f.); 84, 34 (49); ferner dazu auch im Schrifttum: *R. Herzog*, NJW 1992, S. 2601 (2602 f.); *P. M. Huber*, Konkurrenzschutz im Verwaltungsrecht, 1991, S. 284 ff.; *H. Schulze-Fielitz*, in: (Fn. 22), Art. 19 IV Rdnr. 44.

[40] BGBl. I 1990, 2809 (2812).

ar 1991 eingeführten Bestimmung lassen sich im Wesentlichen drei Verfahrensstadien auseinander halten: Zunächst findet ein Auswahlverfahren statt, in dem ein oder mehrere Musterverfahren ausgewählt werden, während die übrigen Verfahren nach § 94 VwGO ausgesetzt werden[41]. In einem weiteren Schritt wird dann das eigentliche Musterverfahren bis zur höchstrichterlichen Klärung der entsprechenden Sach- und Rechtsfragen durchgeführt. Daran anschließend wird das Nachverfahren durchgeführt, bei dem zu entscheiden ist, ob und inwieweit die Ergebnisse des Musterverfahrens in die ausgesetzten Verfahren übernommen werden. Im Ergebnis bezeichnet ein Musterprozess jeden Rechtsstreit, dem die Parteien oder Dritte eine über den konkreten Fall hinausgehende Bedeutung beimessen, unabhängig davon, ob dies ausdrücklich oder stillschweigend geschieht. Das Ergebnis des Musterverfahrens kann dann auf gleichgelagerte Sachverhalte übertragen werden.

Das Verfahren weist insoweit deutliche Parallelen zur Class Action auf, als auch das Musterverfahren ein *echtes Massenverfahren*[42] sein muss, bei der eine größere Anzahl von Beteiligten sich um die Rechtmäßigkeit einer Maßnahme streitet[43]. Nicht erfasst werden dagegen unechte Massenverfahren, bei denen unterschiedliche Maßnahmen Verfahrensgegenstand sind, die „nur" aus ähnlichen rechtlichen oder tatsächlichen Erwägungen angegriffen werden[44]. Im Ergebnis müssen die Verfahren also gleichgerichtet sein und dasselbe Rechtsschutzziel anstreben[45]. Auch müssen die Verfahren identischer prozessrechtlicher Natur sein, so dass jedenfalls Verfahren des einstweiligen Rechtsschutzes und Hauptsacheverfahren nicht nach

[41] Auch ohne eine entsprechende gesetzliche Grundlage hat es in der Vergangenheit eine Abtrennung von Musterverfahren gegeben. So haben sowohl das Bundesverwaltungsgericht – *BVerwGE* 64, 347 (348) – als auch das Bundesverfassungsgericht – *BVerfGE* 54, 39 ff. – die Verbindung bestimmter Verfahren nach § 93 und die Aussetzung der übrigen Verfahren nach § 94 VwGO für verfassungsmäßig erachtet; siehe dazu ferner auch noch aus dem Schrifttum: *H. Geiger*, in: Eyermann/Fröhler, VwGO, 11. Aufl., 2000, § 93a Rdnr. 2; *F. O. Kopp*, NJW 1991, S. 521 (523); *S. Kuntze*, in: Bader/Funke-Kaiser/Kuntze/von Abbedyll, VwGO, 2. Aufl., 2002, § 93a Rdnr. 2.

[42] *P. Stelkens*, NVwZ 1991, 209 (213).

[43] So auch *H. Geiger*, (Fn. 41), § 93a Rdnr. 6; *F. O. Kopp/W.-R. Schenke*, VwGO, 13. Aufl., 2003, § 93a Rdnr. 3; *P. Kothe*, in: Redeker/v. Oertzen, VwGO, 13. Aufl., 2000, § 93a Rdnr. 2; *S. Kuntze*, in: Bader/Funke-Kaiser/Kuntze/von Abbedyll, VwGO, 2. Aufl., 2002, § 93a Rdnr. 4; *R. Rudisile*, in: Schoch/Schmidt-Aßmannn, VwGO, 9. Ergl., 2003, § 93a Rdnr. 9; *V. Schmid*, in: Sodan/Ziekow, VwGO, 6. Ergl. 2003, § 93a Rdnr. 7.

[44] Vgl. nur insoweit: *F. O. Kopp/W.-R. Schenke*, (Fn. 43), § 93a Rdnr. 4; *R. Rudisile*, (Fn. 43), § 93a Rdnr. 9.

[45] Vgl. insoweit: *S. Kuntze*, (Fn. 41), § 93a Rdnr. 4; *R. Rudisile*, (Fn. 43), § 93a Rdnr. 9.

§ 93a VwGO behandelt werden dürfen[46]. Dementsprechend verlangt auch das US-amerikanische System der Class Action, dass zunächst überhaupt eine abgrenzbare Gruppe besteht und zudem der Kläger selbst auch Repräsentant der Gruppe ist[47].

Wie auch der Wortlaut („kann") zeigt, handelt es sich bei der Durchführung eines Musterverfahrens um eine in das Ermessen des Gerichts gestellte Entscheidung[48], wobei aber die Auswahl der Verfahren nach sachgerechten Kriterien zu erfolgen hat[49]. Vergleichbares gilt auch für US-amerikanische System der Class Action, das dem Richter bei der Zulassung (certification) einen weiten Ermessens- und Gestaltungsspielraum zubilligt[50].

Unterschiede bestehen dagegen zum einen bei der Kostenproblematik: Während das Musterverfahren insoweit durch eine rechtspolitisch unbefriedigende Kostenfrage gekennzeichnet ist, als auf der einen Seite sog. „Trittbrettfahrer" bei Erfolglosigkeit des Verfahrens ihre Klage kostengünstig zurücknehmen können, während auf der anderen Seite der „Musterkläger" das volle Kostenrisiko eines mehrinstanzlichen Verfahrens mit gegebenenfalls erforderlichen Sachverständigen- und Zeugenauslagen trägt[51]. Demgegenüber geht das US-amerikanische Modell zunächst davon aus, dass jede Partei ihre Kosten unabhängig vom Ausgang des Verfahrens selbst zu tragen hat[52]. Dabei ist aber bei der Class Action zu berücksichtigen, dass gerade hier der das Verfahren initiierende Anwalt regelmäßig ein nicht mit den Interessen der Mandantschaft kongruentes Interesse an einem hohen Erfolgshonorar hat, wobei aber die Möglichkeit besteht, dass der Richter die Anwaltsgebühren festsetzt[53].

---

[46] So auch allgemeine Ansicht im Schrifttum, vgl. nur: *H. Geiger*, (Fn. 41), § 93a Rdnr. 6; *S. Kuntze*, (Fn. 41), § 93a Rdnr. 4; *R. Rudisile*, (Fn. 43), § 93a Rdnr. 9; *V. Schmid*, (Fn. 43), § 93a Rdnr. 7.

[47] Zu den Einzelheiten siehe nur: *S. Eichholtz*, (Fn. 2), S. 77 ff.

[48] Siehe insoweit auch übereinstimmend in der Literatur: *H. Geiger*, (Fn. 41(, § 93a Rdnr. 9; *F. O. Kopp/W.-R. Schenke*, (Fn. 43), § 93a Rdnr. 5; *P. Kothe*, (Fn. 43), § 93a Rdnr. 3; *S. Kuntze*, (Fn. 41), § 93a Rdnr. 5; *R. Rudisile*, (Fn. 43), § 93a Rdnr. 10; *V. Schmid*, (Fn. 43), § 93a Rdnr. 8.

[49] *BVerfGE* 54, 39 (42).

[50] Dazu ausführlich auch *S. Eichholtz*, (Fn. 2), S. 129 ff.

[51] Zur Kritik siehe auch *V. Schmid*, (fn. 43), § 93a Rdnr. 2; *P. Schmieszek*, NVwZ 1991, 522 (524); dagegen aber mit gewichtigen Argumenten *H. Geiger*, (Fn. 41), § 93a Rdnr. 3.

[52] Siehe zur sog. American Rule ausführlich: *S. Eichholtz*, (Fn. 2), S. 206.

[53] Vgl. dazu mit weiteren Nachweisen zu den unterschiedlichen Berechnungsmethoden und den damit verbundenen Schwierigkeiten *S. Eichholtz*, (Fn. 2), S. 207 ff.

Zum anderen besteht ein Unterschied mit Blick auf die Rechtskraft der Entscheidung im Verfahren der Class Action und beim Musterverfahren nach § 93a VwGO. So zutreffend es ist, dass beide Verfahren grundsätzlich der Prozessökonomie, der Einheitlichkeit der Rechtsprechung und der Rechtssicherheit dienen sollen, so verschieden sind die Ausgestaltungen bei der Frage der Rechtskraft. Die Class Action entfaltet grundsätzlich Rechtskraft für alle Gruppenmitglieder; eine Beseitigung der Rechtskrafterstreckung ist nur unter sehr engen Voraussetzungen möglich[54]. Demgegenüber ist für das Musterverfahren nach § 93a VwGO nach vorherrschender Meinung davon auszugehen, dass mangels einer ausdrücklichen Anordnung einer Rechtskrafterstreckung das Gericht im Nachverfahren nicht an die Ergebnisse des Musterverfahrens gebunden ist[55].

Ein weiterer zentraler Unterschied zwischen dem System der Musterverfahren nach § 93a VwGO und der US-amerikanischen Class Action lässt sich zuletzt anhand ihres jeweiligen Telos nachweisen: Während die Class Action der gebündelten Interessenwahrnehmung dienen soll, kann dem Musterverfahren eine vollständig andere Zielrichtung entnommen werden: Sie ist gerade Ausdruck der Notwendigkeit, verfahrensrechtliche Vorkehrungen für den Fall zu treffen, in dem „Verfahren als Kampfmittel“[56] zum Zweck der Verzögerung von Projekten eingesetzt werden sollen[57]. Vor diesem Hintergrund erweist sich die Class Action geradezu als Instrument des effektiven Rechtsschutzes, während das Musterverfahren – und nur so lassen sich auch die gegen die Regelung in § 93a II VwGO erhobenen, wenngleich auch nicht durchgreifenden, verfassungsrechtlichen Bedenken[58] erklären – gerade aus Gründen der Prozessökonomie rechtsschutzverkürzend wirken kann.

---

[54] Ausführlich zu den damit verbundenen Fragen auch *S. Eichholtz*, (Fn. 2), S. 215 ff.

[55] Siehe dazu nur *H. Geiger*, (Fn. 11), § 93a Rdnr. 20; *F. O. Kopp/W.-R. Schenke*, (Fn. 43), § 93a Rdnr. 10; *S. Kuntze*, (Fn. 41), § 93a Rdnr. 10; *R. Rudisile*, (Fn. 43), § 93a Rdnr. 23; *V. Schmid*, (Fn. 43), § 93a Rdnr. 11 f.; anders aber: *P. Kothe*, (Fn. 43), § 93a Rdnr. 7, der eine Selbstbindung des Gerichts annimmt. Auch die amtliche Begründung lehnt eine Rechtskrafterstreckung mit Blick auf Art. 19 IV GG ab, vgl. BT-Drs. XI/7030, S. 1, 28 f.

[56] Vgl. dazu nur *E. Schmidt-Aßmann*, in: VVDStRL 34 (1976), S. 221 (248).

[57] *Rudisile*, (Fn. 43), § 93a Rdnr. 35.

[58] Siehe dazu ausführlich *Rudisile*, (Fn. 43), § 93a Rdnr. 4, 28; *V. Schmid*, (Fn. 43), § 93a Rdnr. 15 ff.; *P. Stelkens*, NVwZ 1991, 209 (213).

2. Die naturschutzrechtliche Verbandsklage

Ein weiteres prozessuales Instrument, das Ähnlichkeiten zur Class Action aufweist, ist die naturschutzrechtliche Verbandsklage nach § 61 BNatSchG. Im Rahmen einer Verbandsklage ist zunächst zwischen der *egoistischen* Verbandsklage, bei der die Verletzung eigener Rechte geltend gemacht wird, und der *altruistischen* Verbandsklage, bei der die Verletzung der Rechte anderer oder von Rechtsvorschriften, die ausschließlich im öffentlichen Interesse bestehen, geltend gemacht wird, zu unterscheiden[59]. Die egoistische Verbandsklage[60], bei der ein Verband befugt ist, die geschützten Interessen seiner Mitglieder im eigenen Namen und aus eigenem Recht geltend zu machen, zielt im Ergebnis darauf ab, die Interessen und Rechte von nach § 42 II VwGO einzelnen Klagebefugten zu bündeln. Sie ist allerdings nach allgemeiner Ansicht – da gesetzlich nicht vorgesehen – auch nicht zulässig[61]. Daneben ist auch die altruistische Verbandsklage mangels Klagebefugnis grundsätzlich unzulässig. Mit § 42 II VwGO lässt sich daher auch nicht – in deutlicher Abweichung zu den zivilprozessualen Bestimmungen über die gewillkürte Prozessstandschaft[62] – die Geltendmachung der Verletzung der Rechte einzelner Mitglieder des Verbandes vereinbaren[63]. Mit der Verbandsklage nach § 61 BNatSchG liegt allerdings ein Instrument vor, bei dem die Mitwirkungsrechte der anerkannten Naturschutzverbände subjektive öffentliche Rechte darstellen[64]; im Ergebnis liegt eine Subjektivierung des öffentlichen Interesses an Naturschutz und Landschaftspflege vor[65], wobei aber die Rügebefugnis auf die zu Unrecht unterbliebene Beteiligung beschränkt ist, während die Klagebefugnis dagegen nicht auf andere materielle Rechtsverstöße gestützt werden kann[66].

---

[59] Ausführlich zur Terminologie: *R. Wahl/P. Schütz*, (Fn. 22), § 42 II Rdnr. 229 ff.

[60] Vgl. zur Begrifflichkeit nur: *R. Wahl/P. Schütz*, (Fn. 22), § 42 II Rdnr. 234 m.w.N. in Fn. 746.

[61] Siehe insoweit nur *W.-R. Schenke*, Verwaltungsprozessrecht, 8. Aufl., 2002, Rdnr. 525; *R. Wahl/P. Schütz*, (Fn. 22), § 42 II Rdnr. 234.

[62] Siehe dazu nur *BGHZ* 96, 151 (152 f.).

[63] So ist es beispielsweise einer Gemeinde verwehrt, die Verletzung von Rechten ihrer Einwohner geltend zu machen, vgl. dazu nur *BVerwG*, DÖV 2001, 692.

[64] *R. Wahl/P. Schütz*, (Fn. 22), § 42 II Rdnr. 231.

[65] Vgl. insoweit nur *BVerwGE* 87, 62 (68 ff.); *NdsOVG*, NuR 1992, 293 (294); *OVG Rh.-Pf.*, NuR 1985, 30 (31); *OVG S-H*, NVwZ 1994, 590 (591).

[66] *BVerwGE* 87, 62 (74); DVBl. 1994, 341 (342 f.). Dementsprechend hat auch das Bundesverwaltungsgericht ausgeführt, daß der Naturschutz selbst ein rein öffentliches Interesse sein und daß „...Art. 20a GG – für sich betrachtet – kein Mittel (ist), um subjektive Rechte zu begründen und hierauf bezogene Klagebefugnisse zu entwickeln.“, *BVerwGE* 101, 73 (83); vgl. ferner zum Problem der Ableitung subjektiver Rechte aus Staatszielbestimmungen auch *BVerfG*, DVBl. 2001, 1139 (1140).

Gerade unter Berücksichtigung des Umstandes, daß der Class Action jedenfalls auch die Funktion einer objektiven Rechtskontrolle und damit einer Beanstandungsfunktion zukommt, zeigt sich aber eine bemerkenswerte Parallele zur umweltrechtlichen Verbandsklage, da auch sie weniger der Durchsetzung subjektiver Rechte des Einzelnen dient, sondern vielmehr auf eine objektiv-rechtliche Kontrolle der Behörden abzielt[67]. Es ist gerade eine – wenn nicht die zentrale – Funktion der umweltrechtlichen Verbandsklage, latente Vollzugsdefizite dann zu bekämpfen, wenn individueller Rechtsschutz in Ermangelung einer Verletzung subjektiver Rechte grundsätzlich ausgeschlossen ist[68].

3. Die finanz- und haushaltsrechtliche Verbandsklage

Anders als das US-amerikanische Recht[69] ist dem deutschen Recht eine „Steuerzahlerklage" grundsätzlich fremd, da Dritten in der Finanzverfassung des Grundgesetzes keine Klagebefugnis zusteht[70]. Auch wenn die Grundrechte des Grundgesetzes einen gewissen, wenngleich nur schwer operationablen, Schutz beim staatlichen Steuerzugriff zu Gunsten des Steuerpflichtigen vermitteln[71], so ist individueller Rechtsschutz gegenüber der Verwendung von Steuergeldern abzulehnen[72]. Gerade die strikte Trennung von Steuererhebung einerseits und haushaltsrechtlicher Verwendungsentscheidung andererseits trägt dem Gedanken des parlamentarischen Budgetrechts Rechnung und schützt so auch den gesetzgeberischen Gestaltungsspielraum, indem die rechtsstaatliche Distanz und Unabhängigkeit des Staates gegenüber den ihn finanzierenden Steuerpflichtigen gewährleistet wird[73]. Gerade mit der Entscheidung über die Verwendung der Haushaltsmittel wird eine wirtschaftliche Grundentscheidung über zentrale Bereiche der Politik während des Planungszeitraumes getroffen[74], für die wegen der notwendigen demokratischen Legitimation einerseits und dem Erfordernis einer Steuerung

---

[67] *BVerwG*, NVwZ 1993, 891 (892).

[68] Siehe dazu nur *C. Callies*, NJW 2003, S. 97 (97 f.).

[69] Ausführlich dazu: *H. Jochum*, (Fn. 11), S. 92 (96 f.); *M. Marquardt*, StuW 1988, S. 158 ff.

[70] Vgl. nur *H. Jochum*, (Fn. 11), S. 92 (96); *W. Klausner*, BB 1986, S. 2029 ff.; *K. Vogel*, in: Isensee/Kirchhof, HbStaatsR IV, § 87, Rdnr. 123 ff.

[71] Siehe dazu nur aus dem jüngeren Schrifttum *P. Kirchhof*, AöR 128 (2003), S. 1 ff.

[72] Vgl. nur *BVerfG (K)*, NJW 1993, 455 f.

[73] *K. Vogel*, (Fn. 70), § 87, Rdnr. 51 ff.

[74] *BVerfGE* 45, 1 (32).

des Finanzgebarens des Bundes andererseits auch nur dem Haushaltsgesetzgeber eine entsprechende Kompetenz zustehen kann[75].

Ob allerdings, wie jüngst im Schrifttum[76] gefordert, das Instrument einer finanz- und haushaltsrechtlichen Verbandsklage tatsächlich ein taugliches und insbesondere verfassungsrechtlich zulässiges Mittel ist, bestehende Defizite im System der staatlichen Finanzkontrolle zu beseitigen, muss bezweifelt werden. Es übersieht insbesondere, daß der gesetzgeberischen Gestaltungsfreiheit selbst der Rang eines Rechtsprinzips mit eigenständiger verfassungsrechtlicher Relevanz zuerkannt werden kann[77]. Eine – im übrigen schon durch ihre bloße Existenz auch präventiv wirkende allgemeine finanz- und haushaltsrechtliche Verbandsklage steht in diametralem Gegensatz zu der der Legislative zustehenden Gestaltungs- und Entscheidungsfreiheit[78], verstanden als Rechtsetzungsprärogative[79]. Sie wäre zudem in erheblichem Maße geeignet, der Durchsetzung von Partikularinteressen zu dienen und könnte damit die vom Bundesverfassungsgericht[80] betonte Bedeutung der Distanz zwischen Mittelerhebung und demokratisch legitimierter Mittelverwendung bagatellisieren.

V. Die Übertragung der Rechtsfigur der Class Action auf das deutsche Rechtsschutzsystem

Versucht man vor dem Hintergrund der vorstehenden Ausführungen eine Bilanz zu ziehen, ob das deutsche Verwaltungsprozessrecht generell um das Instrument einer Class Action erweitert werden sollte, so verbleibt ein zunächst zwiespältiger Eindruck: So zutreffend es ist, dass die Kollektivierung bestimmter Rechtsgüter, deren Schutz mit den Mitteln individuellen Rechtsschutzes nur unzureichend gelingt, zunehmend das Instrument der Verbandsklage in den Vordergrund treten lässt[81], so kann nicht übersehen werden, dass die Unterstützung des

[75] Siehe dazu übereinstimmend: *M. Heintzen*, in: v. Münch/Kunig, GG, 5. Aufl., 2004, Art. 110 Rdnr. 30; *W. Heun*, in: Dreier, GG, 2000, Art. 110 Rdnr. 36; *C. Hillgruber*, in: v. Mangoldt/Klein, GG, 4. Aufl., 2001, Art. 110 Rdnr. 83.

[76] *H. Jochum*, (Fn. 11), S. 92 ff.

[77] Zur politischen Gestaltungsfreiheit als Rechtsprinzip vgl. auch *M. Kaufmann*, StWStP 1997, S. 161 ff.

[78] Vgl. insoweit: *J. Isensee*, in: Isensee/Kirchhof, HbStaatsR III, § 63, Rdnr. 156; *F. Ossenbühl*, in: Isensee/Kirchhof, HbStaatsR III, § 63, Rdnr. 9.

[79] *K. H. Friauf*, BB 1972, S. 669 (678); *H. H. Klein*, in: Isensee/Kirchhof, HbStaatsR II, § 40, Rdnr. 15.

[80] *BVerfG (K)*, NJW 1993, 455 f.

[81] So finden sich denn auch im Schrifttum Ansätze, die eine Ausweitung der Verbandsklage über den naturschutzrechtlichen Bereich befürworten, vgl. nur: *R. Wahl/P. Schütz*, (Fn. 22), § 42 II Rdnr. 248.

Staates durch Private jedenfalls mit dem traditionellen deutschen Rechtsschutzsystem nur schwer in Einklang zu bringen ist. Hier besteht nicht nur prima vista die Gefahr, dass die hergebrachte „Formentypik“[82] eines am subjektiven-öffentlichen Recht orientierten Schutzsystems verlassen wird; die Indienstnahme Privater im Wege der Eröffnung einer Class Action für die Wahrung von Gemeinwohlbelangen enthält auch die Gefahr einer „Privatisierung des Gemeinwohls“[83]. Allerdings, und dies dürfte ein zentrales Argument für die Erweiterung des Rechtsschutzinstrumentariums sein, ist das deutsche Konzept der Gewährung von Rechtsschutz in Abhängigkeit von der Existenz subjektiv-öffentlicher Rechte nicht sakrosankt. Es gerät einerseits unter den zunehmenden Einfluss des Gemeinschaftsrechts[84], andererseits lässt sich – insbesondere auf Landesebene[85] - eine Tendenz zur Entsubjektivierung nachweisen, die insoweit das subjektive Rechtsschutzsystem tangiert, als der Anspruch auf Informationszugang gerade nicht mehr im Individualinteresse gewährt wird[86]. Das Postulat der Formentypik erscheint insoweit mehr als eine Verteidigungslinie, die sich bei genauerer Betrachtung aus der spezifisch historischen Entwicklung des deutschen Rechtsschutzsystems erklären lässt, aber zukünftige, vorsichtige Modifikationen nicht ausschließt.

Daneben ist auch ein anderer Aspekt zu berücksichtigen: Gerade die aus dem US-amerikanischen Prozessrecht bekannten institutional reform-Fälle[87], in denen Gerichte nicht mit der kollektiven Geltendmachung von Schadensersatzansprüchen konfrontiert waren, sondern vielmehr durch Gestaltungsurteile (injunctions) umfassende Reformen beispielsweise bei der Rassentrennung[88], der Reform von Gefängnisbedingungen[89] oder auch bei der Gleichstel-

---

[82] *C. Callies*, NJW 2003, S. 97 (100).

[83] Siehe dazu mit Blick auf die umweltschutzrechtliche Verbandsklage auch *J. Ipsen*, NdsVBl. 1999, S. 225 (227 f.).

[84] *C. Callies*, NJW 2003, S. 97 (98); *L. Michael*, Die Verwaltung 37 (2004), S. 35 (48).

[85] Vgl. nur aus jüngeren Literatur: *M. Kaufmann*, Grundrechtlicher Anspruch auf Akteneinsicht als Voraussetzung der Demokratie?, in: Bertschi u.a. (Hrsg.), Demokratie und Freiheit, 1999, S. 41 ff.; *F. Schoch*, Die Verwaltung 35 (2002), S. 149 ff.

[86] Kritisch daher auch: *Ibler*, Zerstören die neuen Informationszugangsgesetze die Dogmatik des deutschen Verwaltungsrechts?, FS Brohm, 2002, S. 405 ff.;

[87] Ausführlich dazu: *S. Eichholtz*, (Fn. 2), S. 170 ff.

[88] Vgl. nur *Swann ./. Charlotte Mecklenburg Board of Education*, 311 F. Supp. 264, 268 et seq. (W.D. N.C. 1970); *Haney ./. County Board of Education of Sevier County*, 429 F.2d 364, 367 et seq. (8th Cir. 1970); *Jenkins ./. Missouri*, 639 F. Supp. 19, 26 et seq. (W.D. Mo. 1985). Die weitreichende Gestaltungsmacht der Gerichte wurde durch den Supreme Court nur in Ausnahmefällen beschränkt, vgl. nur *Missouri ./. Jenkins*, 495

lung von Minderheiten am Arbeitsplatz[90] durchgesetzt haben, zeigen sehr deutlich, dass der Richter mehr als Gesetzgeber fungiert und damit das klassische Gewaltenteilungskonzept jedenfalls partiell durchbricht. Schon vor diesem Hintergrund muss die Implementierung einer Class Action in das deutsche Verwaltungsprozessrecht auf die Fälle beschränkt bleiben, in denen richterliche Kontrolle nicht zur richterlichen Rechtsschöpfung führt. Dabei ist auch zu berücksichtigen, dass gerade für Großschadensfälle – einem typischen Anwendungsbereich der Class Action – die bundesdeutsche Rechtsordnung spezielle ad-hoc-Regulierungsmechanismen[91] geschaffen hat, die eine prozessuale Bündelung entsprechender Ansprüche entbehrlich erscheinen lässt.

VI. Zusammenfassung

Insgesamt ist daher festzuhalten, dass das deutsche System des Verwaltungsprozesses bisher nur mit dem Instrument des Musterverfahrens nach § 93a VwGO und mit der Verbandsklage nach § 61 BNatSchG prozessuale Kollektivierungsmöglichkeiten einräumt. Allerdings bestehen mit Blick auf Art. 19 IV GG keine verfassungsrechtlichen Bedenken, weitere Anwendungsbereiche zu schaffen, wobei aber berücksichtigt werden muss, dass der praktische Anwendungsbereich eher gering einzuschätzen sein dürfte[92]. Zudem kennt das deutsche Recht andere und vergleichbar effektive Lösungen zur Kollektivierung von Ansprüchen, so dass

---

U.S. 33, 50 et seq., wonach das Gericht dem beklagten Staat jedenfalls nicht vorschreiben dürfe, welche Steuern zur Finanzierung der als notwendig erachteten Maßnahmen erhoben werden dürften.

[89] *Jones ./. Wittenberg*, 330 F. Supp. 707, 744 et seq., (N.D. Ohio, 1971); *Costello ./. Wainwright*, 379 F. Supp. 20, 34 et seq., (M.D. Fla 1975); dabei ist allerdings zu berücksichtigen, daß mit dem Prison Litigation Act von 1995 (Pub. L. 104-134, 110 Stat. 1321 (1996)) die Kompetenzen der Gerichte in erheblichem Maße reduziert wurden und sich die Gestaltungsmöglichkeiten nunmehr im Wesentlichen auf die Herstellung eines verfassungsrechtlich gebotenen Mindeststandards beschränken, vgl. dazu auch *S. Eichholtz*, (Fn. 2), S. 39 f

[90] Grundlegend dazu in der US-amerikanischen Rechtsprechung: *Hall ./. Werthan Bag Corp.*, 251 F Supp. 184 (M.D. Tenn. 1966).

[91] Dies sind insbesondere die Spezialfonds in Form einer öffentlich-rechtlichen Stiftung, die der Entschädigung der Opfer unabhängig vom Bestehen titulierter Forderungen dienen, vgl. hierzu nur das Gesetz über die Errichtung einer Stiftung „Hilfswerk für behinderte Kinder" vom 17.12.1971, BGBl. I S. 2018, das Gesetz über humanitäre Hilfe für durch Blutprodukte HIV-infizierte Personen vom 24.7.1995, BGBl. I S. 972 sowie das Gesetz zur Errichtung einer Stiftung „Erinnerung, Verantwortung und Zukunft" vom 2.8.2000, BGBl. I S. 1263.

[92] So liegen zum gegenwärtigen Zeitpunkt zum einen keine Entscheidungen zu § 93a VwGO vor; zum anderen hat bisher – entgegen der Befürchtungen ihrer Gegner – auch die Verbandsklage nicht zu einer die Gerichtsbarkeit lähmenden „Klageflut" geführt.

eine institutionelle Veränderung des Verwaltungsprozessrechts nicht zwingend geboten erscheint.

B. Die US Class-Action als Instrument der Verbraucherklage

Thomas C. Mahlich

I. EINFÜHRUNG

Es reicht nicht, die Class Action (Sammelklage) als modernen Belzebub eines vermeintlich unkalkulierbaren US-amerikanischen Prozesssystems zu verteufeln. Appelle deutscher Politiker, die Bundesregierung möge entsprechenden Druck auf die USA ausüben, das Institut der Class Action abzuschaffen, sind nicht zielführend. Ein wirtschaftlich professionell agierendes Unternehmen muss die Möglichkeit einer Sammelklage als festes Risiko des amerikanischen Marktes akzeptieren und sich entsprechend vorbereiten. Das Beispiel der Bayer AG zeigt, dass man auch in den USA mit der richtigen Strategie und bei entsprechender anwaltlicher Vertretung einen Rechtsstreit gewinnen kann.

II. STATUS QUO DER US-AMERIKANISCHEN TORT LITIGATION

In ihrer Cover Story "Robin Hood lebt im Gerichtssaal weiter" vom 08. März 2004 hat die größte überregionale US-amerikanische Tageszeitung, "USA TODAY", die derzeitige Situation bei Verbraucherklagen dargestellt und die Zustände in einigen amerikanischen Gerichtssälen mit dem berüchtigten Sherwood Forest verglichen.

Tatsächlich nimmt die Situation bei Verbraucherklagen erschreckende Ausmaße an. Nach einem Bericht der US-Versicherungsindustrie sind die Kosten für Tort Litigation (deliktische Schadensersatzprozesse) im Jahr 2002 um 13% auf US-$ 233 Milliarden gestiegen. Diese Summe beinhaltet ausgeurteilte Schadensersatzsummen, Vergleichsbeträge sowie Anwaltshonorare.

In diesem Zusammenhang haben einige US-Bundesstaaten und Gerichtsbezirke traurige Berühmtheit erlangt. In einer Studie vom November 2003 hat die American Tort Reform Association (ATRA) insgesamt dreizehn Gerichtsbezirke als "judicial hellholes" bezeichnet, weil klagenden Verbrauchern dort regelmäßig die größten Schadensersatzsummen zugesprochen werden. Am 08. März 2004 hat die US-Handelskammer eine Studie veröffentlicht, in der Mississippi, West Virginia, Alabama, Louisiana, Kalifornien, Texas, Illinois, Montana, Arkansas und Missouri als die Bundesstaaten identifiziert werden, deren Gerichte die in Verbraucherklagen beklagten Unternehmen am unfreundlichsten behandeln.

Zu den so identifizierten Gerichtsbezirken gehört auch Madison County, Illinois, ein Arbeitervorort von St. Louis. Die den klagenden Verbrauchern in den letzten Jahren dort von Richtern und Geschworenen entgegengebrachte Sympathie haben diesen Gerichtsbezirk zu einem Magnet für große Sammelklagen gegen die Hersteller von Fernsehern, Autos, und Telefongesellschaften gemacht. So hat ein Geschworenengericht in Madison County einem pensionierten Stahlarbeiter mit durch Asbest verursachten Krebs US $ 250 Mio zugesprochen. Ein lokaler Richter hat Philip Morris USA zur Zahlung von US $ 10,1 Mrd. verurteilt, weil Philip Morris ihre "Light" Zigaretten gegenüber regulären Zigaretten als weniger schädlich vermarktet hat.

Weil die Klägeranwälte nach dem für ihren Mandanten vorteilhaftesten Gericht suchen, kann es dazu kommen, dass Kleinstadt-Richter über die Kommunikationen-, Computer- oder Versicherungsindustrie der USA entscheiden. So führt bspw. ein Richter im Madison County den Vorsitz in einem Rechtsstreit von Hundertausenden von Amerikanern, die einen Computer mit dem Intel Pentium 4 Prozessor erworben haben. Die Verbraucher machen geltend, man habe ihnen vorgemacht, dass der Prozessor besser als frühere Pentium Prozessoren arbeiten würde.

Ein anderer in diesem Zusammenhang prominenter Gerichtsbezirk ist Jefferson County in Missouri, der im November 2002 in einer Fernsehsendung des Senders CBS unter dem Titel "Jackpot Justice" als eine Hochburg für Verbraucherklagen vorgestellt wurde. Als Reaktion für diese Fernsehsendung haben 9 Einwohner von Jefferson County CBS wegen übler Nachrede auf insgesamt US $ 6,4 Mrd. verklagt. Der Rechtsstreit ist heute noch anhängig.

Einige Stimmen bezeichnen dieses System als unfair und halten es für eine "gigantische Radarfalle auf der Rechtsstreit-Autobahn". Dem halten Verbraucherschützer entgegen, dass die Angst vor hohen Schadensersatzzahlungen nach wie vor der beste Weg sei, um Unternehmen von Fehlverhalten und Fahrlässigkeit abzuschrecken.

Dabei hat das Thema "Verbraucherklagen" in den USA einen durchaus politischen Hintergrund: Republikaner versuchen seit langem die Auswirkungen von Haftungsklagen auf große

Unternehmen einzuschränken, die traditionell die Partei in Wahlkämpfen wirtschaftlich unterstützen. Demgegenüber fokussieren die Demokraten traditionell mehr auf die Rechte des Verbrauchers. Die auf Schadenersatzklagen spezialisierten Rechtsanwälte, die durchschnittlich zwischen 20 % und 40 % der von ihnen erstrittenen Summe erhalten, unterstützen die Demokraten.

III. SAMMELKLAGEN

Für die Unterstützung der in den USA derzeit wieder einmal angedachten "Tort Reform" ist ein Kernziel, die Sammelklagen einzuschränken. Sammelklagen dienen grundsätzlich dazu die vergleichbaren Ansprüche von einer Vielzahl von Klägern zusammenzufassen und in einem Rechtsstreit abzuhandeln. Dadurch kommen auch solche Kläger in den Genuss einer Ersatzzahlung, deren Schaden für sich genommen relativ klein ist (z.B. der einzelne Telefonkunde, dessen Gebührenabrechnung um wenige Dollar überhöht ist). Vertreter von ATRA sagen, dass die Klägeranwälte die Regeln der Sammelklage aber dadurch missbrauchen, dass sie unverhältnismäßige Klagen bei den Gerichten einreichen, die einer solchen Vorgehensweise positiv gegenüberstehen. Dadurch kommt es immer wieder zur Bestätigung einer Klägergruppe, obwohl die gesetzlichen Voraussetzungen für eine Sammelklage überhaupt nicht vorliegen. Sobald ein Richter eine Gruppe von Klägern als "Class" bestätigt hat, werden die Unternehmen fast immer einen Vergleich suchen, um ein negatives Urteil zu verhindern.

Die Class Action ist in den USA seit den 30er Jahren eine feste Institution. Ihre zivilprozessualen Zulässigkeitsvoraussetzungen sind gesetzlich festgeschrieben und unterliegen der richterlichen Kontrolle. Ihrem Grundgedanken nach ist die Class Action prozessökonomisch sinnvoll und bringt gerade auch dem beklagten Unternehmen größere Rechtssicherheit als eine Vielzahl von Einzelklagen.

Die als Repräsentanten der Class auftretenden Kläger müssen im vorgeschalteten Zulassungsverfahren dem Gericht gegenüber zunächst folgendes darlegen:

1) Die Class ist so groß, dass nicht alle Anspruchsteller als Kläger oder Streitgenossen in einem Verfahren zusammen auftreten können. Dabei gibt es keine festen Größenvorgaben.

Bei Sammelklagen von Aktionären wird eine ausreichende Anzahl von Klägern regelmäßig unterstellt.

(2) Die Ansprüche der einzelnen Class Members müssen rechtlich ODER tatsächlich ähnlich gelagert sein.

(3) Die mit der Klage zunächst geltend gemachten Ansprüche der Class Representatives müssen repräsentativ für die Ansprüche der weiteren Class Members sein. Hier gibt es für den Beklagtenvertreter oft Ansatzpunkte, die rechtliche oder tatsächliche Unterschiedlichkeit der verschiedenen Ansprüche deutlich zu machen.

(4) Es muss zu erwarten sein, dass die Repräsentanten die Interessen der gesamten Class fair und angemessen vertreten. Auch hier bieten sich Ansatzpunkte: Verfolgen die Repräsentanten wirklich die selben Interessen wie die anderen Class members? Durch gezielte Discovery kann die Glaubwürdigkeit der Repräsentanten erschüttert werden.

Daneben müssen die Kläger EINE der folgenden Bedingungen nachweisen:

(1) Die separate Verfolgung ihrer Ansprüche durch einzelne Class Members birgt das Risiko sich widersprechender Entscheidungen oder

(2) die angestrebte Class Action ist die im Einzelfall geeignetste Klageform, um den Rechtsstreit für die gesamte Class fair und ökonomisch zu entscheiden. Auch hier lohnt es sich oft einzuhaken: die Sammelklage muss nicht für alle Class Members wirtschaftlich von Vorteil sein. Einzelne Class Members können starke Ansprüche mit großem Schadenspotential haben.

IV. FAZIT

Das größte Problem der Class Action ist nicht, dass es sie gibt, sondern dass die von ihr betroffenen deutschen Unternehmen und ihre deutschen Rechtsberater von dieser Verfahrensart im Regelfall schlicht überfordert sind und damit nicht umgehen können. Dadurch werden oft bei Verfahrensbeginn entscheidende Fehler gemacht, die später kaum noch korrigiert werden können. Dabei kann der erfahrene Beklagtenvertreter schon im Verfahren über die Zulassung der Class Action oft entscheidend eingreifen.

C. Die Effizienz des Produkthaftungsrechts vor Gericht – Überblick über verschiedene nationale Rechtsordnungen und die rechtspolitische Entwicklung in Deutschland

Fabian Volz

I. Einleitung

Die Beurteilung der Effizienz des Produkthaftungsrechts hängt auf den ersten Blick vom Standpunkt des Betroffenen ab. Dabei ist nicht nur das materielle Produkthaftungsrecht, sondern auch das anzuwendende Prozessrecht von entscheidender Bedeutung. Insgesamt soll dies als das Produkthaftungsrecht im weiteren Sinne bezeichnet werden.

Der Verbraucher wird die möglichst einfache Durchsetzung von Produkthaftungsansprüchen wünschen, der Hersteller die möglichst wirksame Abwehr. Diese Ziele scheinen miteinander unvereinbar zu sein. Indes bestehen gemeinsame Interessen beider Seiten.

Denn es besteht ein Zusammenhang zwischen dem **Produkthaftungsrecht** im weiteren Sinne, der **Qualität** der hergestellten Produkte und der **Innovationsfreudigkeit** der Hersteller. So kann als gesichert gelten, dass ein wesentlicher Grund für die "technische Rückständigkeit" von US-Automobilen insbesondere in den 1980er und 1990er Jahren das klägerfreundliche US-Rechtssystem war. Um Produkthaftungsansprüche zu vermeiden, setzen die Hersteller zu lange auf Altbewährtes und gaben Neuerungen zu spät in Serie; der Qualitätsanspruch der US-Produkte sank in den Augen der Verbraucher. Andererseits könnte ein faktisch undurchsetzbares Produkthaftungsrecht dazu führen, dass zunehmend Produkte minderer Qualität und damit oft auch nicht gebrauchssichere Produkte auf den Markt gebracht werden.

Folglich muss es darum gehen, die drei genannten Faktoren in ein ausgewogenes Verhältnis zu bringen. Nur dadurch wird die Wettbewerbsfähigkeit des deutschen und europäischen Standorts insbesondere gegenüber den USA gesichert werden können. Als Standortfaktor wird man also auch ein ausbalanciertes Produkthaftungsrecht zu berücksichtigen haben. Aus US-Sicht erscheint es immer unbefriedigender, dass etwa das deutsche Recht keine adäquaten

Mechanismen zur Bewältigung von Massenschäden hat, wie jüngst die zahlreichen, zur Lähmung des Gerichts führenden Einzelklagen von tausenden Telekom-Kleinaktionären zeigten.

Dies hat durchaus auch Nachteile für deutsche Unternehmen und nichts damit zu tun, Sammelklagen nach US-Vorbild das Wort zu reden.

Zunächst soll ein Blick auf die Europäische Union geworfen werden, für die Lovells unlängst eine umfassende Studie zum Status des auf Basis der Produkthaftungsrichtlinie in die nationalen Rechtsordnungen umgesetzten Produkthaftungsrechts erstellt hat. Im Anschluss daran erfolgt eine kurze Auseinandersetzung mit den Möglichkeiten der Bewältigung von Massenschäden mit Blick in die USA.

II. Die EU-Studie von Lovells

1. Hintergrundinformationen

Im Dezember 2001 wurde Lovells von der Europäischen Kommission beauftragt, eine umfassende Studie über die verschiedenen Systeme der Produkthaftung in den Mitgliedstaaten der Europäischen Union durchzuführen (die „Studie"). Diese Studie wurde bereits im Bericht der Kommission über die Reaktionen auf das im Jahr 1999 vorgelegte Grünbuch über zivilrechtliche Haftung für fehlerhafte Produkte (der „Bericht zum Grünbuch") angedeutet.

Die Studie befasst sich mit der praktischen Anwendung der Rechtssysteme, im Rahmen derer Produkthaftungsansprüche in den einzelnen Mitgliedstaaten erhoben werden können. Diese Systeme beinhalten die Produkthaftungsrichtlinie (die „Richtlinie") und die jeweiligen „nationalen" Rechtssysteme wie z.B. die Haftung aus Vertrag oder die Haftung aus unerlaubter Handlung, die neben der Richtlinie kraft ihres Artikels 13 bestehen dürfen. Die Studie befasste sich damit, in welchem Ausmaß Bedarf zur weiteren Harmonisierung der Produkthaftungsgesetze innerhalb der EU oder zur Änderung der Richtlinie besteht.

2. Durchführung der Studie

Die Grundlage für die Studie bildeten von Experten in jedem Mitgliedsstaat verfasste Berichte, in denen die Struktur und Anwendung des Produkthaftungssystems im jeweiligen Land beschrieben wurden. Diese Berichte enthalten ebenfalls praxis- und verfahrensrelevante Aspekte, sofern sie Auswirkungen auf die Anwendung des Produkthaftungssystems haben.

Zwischen Juli 2002 und Januar 2003 wurde eine Umfrage über die praktische Anwendung und die Auswirkungen der Systeme in jedem Mitgliedsstaat durchgeführt. Diese Umfrage wurde sowohl mittels persönlicher Befragungen (im direkten Gespräch oder per Telefon) als auch Fragebögen durchgeführt. Die potenziellen Teilnehmer an der Studie wurden dem Zweck der Untersuchung entsprechend in vier Kategorien eingeteilt:

- Verbraucherschützer aus Verbraucherschutzorganisationen sowohl auf nationaler als auch auf EU-Ebene

- Produkthersteller und -lieferanten (einschließlich Fertigungsunternehmen, Importeure, Vertriebsunternehmen, Einzelhändler) und Handelsverbände

- Versicherer, Rückversicherer, Versicherungsverbände und Versicherungsmakler

- Rechtsanwälte (auf Kläger- und Beklagtenseite), Aufsichts- und sonstige Regierungsbehörden sowie Rechtswissenschaftler.

Diese Kategorien werden im Folgenden als „Verbraucherschützer", „Hersteller", „Versicherer", und „Juristen" bezeichnet.

Im Verlauf der Studie wurden mehr als 1.500 potenzielle Teilnehmer aus allen Mitgliedstaaten direkt angesprochen. Insgesamt antworteten 349 Teilnehmer in allen vier Kategorien, davon über 100 im Rahmen persönlicher Befragungen.

3. Ergebnisse der Studie

a) Praktische Unterschiede in den Produkthaftungssystemen der Mitgliedstaaten

Ein wesentliches Ziel der Studie war es, zu untersuchen, inwieweit sich die potenzielle Haftung von Herstellern und Lieferanten sowie die Möglichkeiten der Verbraucher, im Falle einer Schädigung durch fehlerhafte Produkte eine Entschädigung zu erhalten, zwischen den Mitgliedstaaten unterscheiden.

Die nationalen Haftungssysteme aller EU-Mitgliedstaaten beruhen auf einer gemeinsamen Grundlage. Insbesondere können Hersteller oder Lieferanten von Produkten, durch die

Verbraucher geschädigt werden, nach einem oder mehreren von drei Systemen zu einer Entschädigungszahlung verpflichtet werden:

- **Richtlinie:** Die Richtlinie wurde in allen Mitgliedstaaten weitgehend umgesetzt.

- **Vertrag:** In fast allen Mitgliedstaaten wird ein durch ein Produkt geschädigter Verbraucher vom Vertragsrecht begünstigt, wenn die Schädigung daraus resultiert, dass der Verkäufer eine mit dem Verbraucher abgeschlossene Vereinbarung verletzt hat. In einigen Fällen besteht Anspruch auf Entschädigung gegenüber anderen Personen, die weiter oben in der Lieferkette angesiedelt sind, so etwa in Frankreich gegenüber dem Lieferanten des Verkäufers. Allerdings gibt es unter den verschiedenen Mitgliedstaaten erhebliche Abweichungen hinsichtlich der Umstände, unter denen vertragliche Rechtsbehelfe erlangt werden können, und der Arten des ersatzfähigen Schadens. Unter bestimmten Umständen sind Verbrauchern, die Produkthaftungsansprüche geltend machen wollen, vertragliche Rechtsbehelfe kaum von Nutzen. Dies liegt großenteils daran, dass die vertraglichen Verjährungsfristen wesentlich kürzer als diejenigen nach unerlaubter Handlung sind.

- **Unerlaubte Handlung:** Jeder Mitgliedstaat verfügt über ein System der außervertraglichen Haftung für die Erlangung von Entschädigungszahlungen durch geschädigte Personen. In den meisten Fällen finden diese Grundsätze Anwendung, wenn ein Fehler dem Hersteller oder Lieferanten zuzuschreiben ist.

Vor diesem Hintergrund wurden die Teilnehmer der Studie gefragt, in welchem Maße sich ihres Erachtens die „Produkthaftungsrisiken" hinsichtlich der Einleitung von Klageverfahren und ihres Ausgangs in den einzelnen Mitgliedstaaten unterscheiden. Die große Mehrheit der Befragten war der Ansicht, dass Unterschiede bestehen, wobei die meisten meinten, dass sich die Produkthaftungsrisiken leicht unterscheiden.

Als Hauptgründe für diese Unterschiede nannten die Teilnehmer folgende Faktoren:

- die optionalen Bestimmungen der Richtlinie (hier haben die Mietgliedsstaaten in Wahlrecht bei der Umsetzung)

- Diskrepanzen bei der Umsetzung und Auslegung der Richtlinie
- fehlende Harmonisierung nationaler Haftungsgesetze
- unterschiedliche Ansätze bei der Beurteilung von Schäden
- unterschiedliche Verfahrensregeln und Zugangsebenen zur Rechtsprechung (etwa die Zivilprozessordnungen mit Prozesskostenhilferegelungen)
- unterschiedliche Haltungen bei den Verbrauchern in den verschiedenen Mitgliedstaaten (bei diesem Punkt spielen die Medien eine nicht unerhebliche Rolle; „Aufklärung der Verbraucher")

Nach Meinung vieler Befragten sind die Unterschiede in den Verfahrensregeln und den Zugangsebenen zur Rechtsprechung von größerer Bedeutung als die Unterschiede im materiellen Recht. Dies zeigt, dass gemäß der eingangs gemachten Überlegung stets das Produkthaftungsrecht im weiteren Sinne maßgebend ist.

Hinsichtlich der praktischen Auswirkungen dieser Unterschiede gaben einige Hersteller an, dass diese ihre Geschäftstätigkeit auf bestimmte Weise beeinflussen, jedoch gibt es kaum Hinweise darauf, dass dadurch wesentliche Handelsbarrieren oder Wettbewerbsverzerrungen entstehen.

b) Auswirkungen der Richtlinie

Die meisten Befragten glaubten, dass die Richtlinie, seit sie 1985 erlassen wurde, die Chancen für die Produkthaftungsklagen und deren erfolgreiche Durchsetzung erhöht habe. Die meisten Teilnehmer glaubten außerdem, die Richtlinie habe zu einer höheren Produktsicherheit in der EU beigetragen. Dies kann als Beleg für die These des Erfordernisses eines ausbalancierten Produkthaftungsrechts im weiteren Sinne gewertet werden.

Weniger als ein Viertel der Versicherer war der Ansicht, dass die Richtlinie einen Einfluss auf die in der EU angebotenen Versicherungsarten hat, wenngleich mehr als die Hälfte meinte, dass sie einen Einfluss auf die Versicherungsgrundlage hat (z.B. Versicherungsprämien oder -bedingungen) sowie auf die Art und Weise, wie mit den Versicherten verfahren wird. Aus der

Praxis ist zu berichten, dass Unternehmen sich in den letzen Jahren oft wiederholt jährlichen Prämiensteigerungen von circa 30% im Produkthaftpflichtbereich ausgesetzt sahen, einhergehend mit weitreichenden Risikoausschlüssen etwa für die USA und Kanada, Ansprüche im Zusammenhang mit Asbest, oder im D&O-Bereich (Vermögensschadenhaftpflichtversicherung für Directors & Officers, also im wesentlichen Organmitglieder).

c) Erfahrungen mit Produkthaftungsklagen/-ansprüchen in der EU

Die Studie befasst sich darüber hinaus mit den Erfahrungen mit Produkthaftungsklagen/-ansprüchen in der EU während der letzten Jahre und insbesondere seitdem der erste Bericht über die Erfahrungen mit der Richtlinie im Dezember 1995 von der Kommission vorgelegt wurde. Aus dem Bericht ging hervor, dass es bis zu jenem Zeitpunkt kaum praktische Erfahrungen mit der Richtlinie gegeben hatte.

Die im Rahmen der Studie unternommenen Recherchen zeigen, dass inzwischen in fast allen Mitgliedstaaten praktische Erfahrungen mit der Richtlinie vorliegen, wenngleich sich die Zahl der Produkthaftungsklagen vor den nationalen Gerichten noch immer in Grenzen hält. Außerdem geht daraus hervor, dass die praktischen Erfahrungen mit der Richtlinie zwar seit dem Bericht von 1995 deutlich fortgeschritten sind, sie sich jedoch noch immer in der Entwicklung befinden.

In den letzten zehn Jahren war in der EU jedoch eine merkliche Zunahme der Produkthaftungsklagen/-ansprüche zu verzeichnen. Die Mehrheit der Befragten war der Meinung, dass die Zahl der Produkthaftungsklagen/-ansprüchen in der EU „ein bisschen“ zugenommen habe, während etwa ein Viertel der Teilnehmer von einer „starken“ Zunahme sprach. Obgleich die Richtlinie als ein Faktor genannt wird, der zu diesem Anstieg beigetragen hat, werden die bessere Kenntnis der Verbraucher über ihre Rechte, ihr verbesserter Zugang zu Informationen und die Berichterstattung der Medien dabei häufiger als wichtige Faktoren erachtet. Hierbei wird die Medienberichterstattung über US-Fälle, etwa Raucherklagen, die Asbestklagewelle, aber auch spektakuläre Einzelfälle eine nicht unerhebliche Rolle gespielt haben.

Darüber hinaus ist die Durchsetzung produkthaftungsrechtlicher Ansprüche in der EU in den letzten zehn Jahren offenbar erfolgreicher geworden. Diese Ansicht vertrat die Hälfte derjenigen Befragten, die sich dazu äußerten. Der Faktor, der nach Meinung der meisten Befragten zur erfolgreicheren Durchsetzung von Produkthaftungsansprüchen beiträgt, ist der verbesserte

Zugang zu Rechtshilfe und -beratung. Einer bedeutenden Anzahl von Befragten zufolge trägt auch die Umsetzung der Richtlinie zur erfolgreichen Durchsetzung solcher Ansprüche bei.

Einige Teilnehmer, insbesondere Versicherer, waren auch der Ansicht, dass die Zahl der außergerichtlichen Einigungen in den letzten zehn Jahren zugenommen habe. Die Faktoren, die am häufigsten als ein Grund dafür genannt wurden, sind die Berichterstattung der Medien und der verbesserte Zugang zu Rechtshilfe und -beratung. Auch die Umsetzung der Richtlinie wurde häufig als Faktor genannt.

4. Möglichkeiten für eine Reform

a) Impulse für eine Reform

Dem Bericht zum Grünbuch (d.i. eine Sammlung von Reformvorschlägen der Kommission) zufolge waren viele von denen, die zum Grünbuch Stellung nahmen, der Ansicht, dass die Richtlinie einen ausgeglichenen und stabilen rechtlichen Rahmen geschaffen hat, in dem die Belange sowohl der Verbraucher als auch der Hersteller berücksichtigt werden. Die Kommission verdeutlichte, dass eine etwaige Reform der Richtlinie im Hinblick auf den Erhalt dieses Gleichgewichts zu erfolgen hat.

Die im Rahmen der Studie betriebene Recherche ergab, dass es keine einheitliche Forderung nach einer umfassenden Reform der Richtlinie vonseiten einer bestimmten Kategorie der von der Anwendung der Richtlinie betroffenen Personen gibt und die Richtlinie den meisten Teilnehmern zufolge im Allgemeinen ein angemessenes Gleichgewicht zwischen den Interessen der Hersteller und jenen der Verbraucher sicherstellt.

Zwar lautete die vorherrschende Meinung unter den Verbraucherschützern, dass die Richtlinie kein angemessenes Gleichgewicht herstellt, da die Bedürfnisse der Verbraucher nicht hinreichend geschützt sind. Doch keine einzelne Unzulänglichkeit wurde von einer Mehrheit der Verbraucherschützer als Grund für das Ungleichgewicht genannt. Auch wenn damit die Meinungen der Verbraucherschützer nicht in Abrede gestellt werden sollen, so erschwert es doch den Schluss auf einen grundlegenden Mangel der Richtlinie.

Viele Beklagte drängten vielmehr darauf, dass zum aktuellen Zeitpunkt keine Reform vorgenommen werden sollte. Einige Teilnehmer meinten, es wäre besser, das Ergebnis der Entwicklungen in anderen Bereichen abzuwarten, die die praktische Umsetzung der Produkthaftungssysteme einschließlich der Richtlinie beeinflussen könnten. Dazu zählen Entwicklungen auf EU-Ebene in Bereichen wie der Regelung der Produktsicherheit, dem Zugang zur Rechtsprechung und dem Verbraucherschutz im allgemeineren Sinne. Zwischenzeitlich war beispielsweise die Allgemeine Produktsicherheitsrichtlinie in den Mitgliedsstaaten in nationales Recht umzusetzen. Die Bundesrepublik ist einer von wenigen Staaten, die die bis zum 15.01.2004 laufende Frist eingehalten hat: Am 06.01.2004 wurde das Geräte- und Produktsicherheitsgesetz verkündet; es tritt am 01.05.2004 in Kraft und bringt eine Reihe von Neuerung, die das Produkthaftungsrecht im weiteren Sinne unter Umständen stark beeinflussen können. So haben Unternehmen Produktsicherheitsrisiken unaufgefordert den Behörden zu melden, die derlei Informationen untereinander europaweit mittels des elektronischen Schnellinformationssystems RAPEX austauschen und über Internet („ICSMS") auch Verbrauchern (und der Konkurrenz!) zugänglich machen. Wenn dadurch mehr kritische Informationen über die Sicherheit der Produkte an die Öffentlichkeit gelangen, ist tendenziell mit einer Zunahme von Produkthaftungsansprüchen zu rechnen.

Soweit die Teilnehmer im Rahmen der Studie Bereiche nannten, in denen die Richtlinie als unzulänglich betrachtet wurde, bezogen sie sich auf eine Reihe von Themen:

aa) Beweislast

Fragen bezüglich der grundsätzlich beim Anspruchsteller liegenden Beweislast bleiben umstritten und sind nach Meinung vieler von realer praktischer Bedeutung. Nach Einschätzung einiger Verbraucherschützer werden Verbraucher noch immer benachteiligt, indem sie den Fehler und/oder dessen Ursache im Rahmen der Produkthaftungsklagen/-ansprüche nachweisen müssen. Die Bedenken sind in erster Linie auf die erlebten Schwierigkeiten beim Beweis der Ansprüche zurückzuführen, die aufgrund fehlender rechtlicher oder anderer Quellen, die zur ordnungsgemäßen Untersuchung erforderlich sind, oder aufgrund des nicht gewährten Zugangs zu wesentlichen Informationen bestehen. Solche Probleme werden bei technischen Produkten oder beim Vorliegen komplizierter gemeldeter Verletzungen als besonders akut betrachtet. So scheiterten bislang beispielsweise Raucherklagen, wie aktuell auch der in den Medien viel beachtete Fall Heine ./. Reemtsma, in Deutschland regelmäßig am Kausalitätsnachweis, während die Wertung vor einem englischen Gericht durchaus umgekehrt ausfallen kann.

Nach Ansicht von Herstellern und Versicherern könnte eine Lockerung der Bestimmungen hinsichtlich der Beweislast andererseits den Effekt haben, die Erhebung „falscher Ansprüche" zu fördern. Tatsächlich schlugen einige Hersteller vor, dass die Kläger stärker dazu verpflichtet sein sollten, die Forderungen bereits in den Anfangsstadien der Verfahren fundiert zu begründen.

Für die Bundesrepublik ist insoweit zu begründen, dass schon nach dem AMG umfangreiche Editionspflichten bestehen, vorliegend also die Pflicht des Herstellers, interne Unterlagen vorzulegen. Dies hat mit der Zivilprozessreform auch Eingang in die Zivilprozessordnung gefunden, §§ 142 ff. ZPO. Beide Mechanismen sind zwar in der Praxis noch nicht weit verbreitet. Andererseits wird es hier den Gerichten obliegen, Kläger von allzu umfangreichen „fishing expeditions" abzuhalten, also Ausforschungsbeweisen mit dem einzigen Ziel, im Rahmen eines zunächst nur ins Blaue hinein behaupteten Anspruchs am Ende des Verfahrens „irgendetwas" zu finden. Der damit für die Hersteller verbundene Lästigkeitseffekt, aber auch der wirtschaftliche Aufwand bei der Aufbereitung von umfangreichen Dokumentationen, die im angloamerikanischen Rechtsraum etwa durch „discovery"-Verfahren institutionalisiert ist, kann schnell zu einer außergerichtlichen Abfindung von unter Umständen gar nicht bestehenden Ansprüchen und damit zu Kosten für Hersteller führen, die sich auf den Produktpreis niederschlagen. Das Gelingen zweier Gesetzgebungsvorhaben mit gleicher Zielrichtung bleibt abzuwarten: Sowohl das Justizmodernisierungsgesetz der derzeitigen Bundesregierung als auch das Justizbeschleunigungsgesetz der Opposition sehen vor, insbesondere Urteile, Vernehmungsprotokolle und Sachverständigengutachten aus Strafverfahren als Beweis im zivilrechtlichen Schadensersatzverfahren gelten zu lassen.

bb) Konzept des „Fehlers"

Ein Produkt ist fehlerhaft, wenn es nicht die Sicherheit bietet, die man unter Berücksichtigung aller Umstände, insbesondere seiner Darbietung, des vorhersehbaren Gebrauchs und des Zeitpunkts des Inverkehrbringens erwarten darf. Maßgeblich ist also die Sicherheitserwartung des Verbrauchers. Dies kann an einem Beispiel aus der Werbung etwa so erklärt werden: In der Werbung (Darbietung!) fährt ein Auto unversehrt durch eine Wand. Diese Werbung kann nicht geschaltet werden, weil sie das in der Tat sehr sichere, innovative Auto sicherer darstellt, als es in Wirklichkeit ist. Es wäre fehlerhaft im Sinne der Richtlinie.

Nach der Studie herrscht denn auch anhaltende Unsicherheit über die genaue Bedeutung des Begriffs „Fehler". Dies spiegelt sich in unterschiedlichen Auslegungen in einigen der von den nationalen Gerichten entschiedenen Fälle wider. Bei den strittigen Fragen handelt es sich u.a. um die folgenden:

- Gibt es Spielraum für eine Risiko/Nutzen-Analyse unter Berücksichtigung des von einer Person berechtigterweise erwarteten Sicherheitsstandards?

- Ist das Verhalten des Herstellers relevant? Ist es beispielsweise von Bedeutung, die Sorgfalt (oder mangelnde Sorgfalt) des Herstellers bei der Entwicklung, Herstellung oder Vermarktung des Produkts in Betracht zu ziehen?

- Wenn die Sicherheit eines Produkts streng geregelt ist und der Hersteller alle relevanten Vorschriften einhält, unter welchen Umständen – wenn überhaupt – kann der Hersteller zu Haftungszwecken gemäß der Richtlinie zu einem höheren Sicherheitsstandard verpflichtet werden?

- Reicht es für einen geschädigten Verbraucher aus, einfach den die Schädigung hervorrufenden Fehler des Produkts nachzuweisen, oder muss der Verbraucher zusätzlich die Ursache für den Fehler nachweisen?

Es wäre zu erwarten, dass sich im Zuge der zunehmenden Erfahrungen mit der Richtlinie ein Organ des nationalen Fallrechts entwickelt, das als Leitlinie für die Auslegung dieses fundamentalen Konzepts dient. Außerdem wäre zu erwarten, dass einige dieser Aspekte zu gegebener Zeit vom Europäischen Gerichtshof („EuGH") geklärt werden.

cc) Einwand des Entwicklungsrisikos

Umstritten bleibt der Einwand der Entwicklungsrisiken (Artikel 7[e]). Während sich Beispiele einer erfolgreichen, darauf gestützten Forderung kaum in einem EU-Staat finden lassen, messen ihm Versicherer und Hersteller weiterhin eindeutig eine große Bedeutung bei. Zwar sprachen sich einige Befragte, insbesondere Verbraucherschützer, für seine Abschaffung aus, doch einige Hersteller und Versicherer drängten auch auf seine Beibehaltung. Die Bedeutung aus Sicht der Versicherer liegt darin, dass Hersteller nur erprobte, also ordnungsgemäß entwickelte Produkte auf den Markt bringen dürfen, weil sie andernfalls ihren Versicherungsschutz in der Produkthaftpflichtversicherung gefährden.

Die wirtschaftlichen Auswirkungen eines Wegfalls des Einwands des Entwicklungsrisikos ist Thema einer weiteren Studie. Angesichts des offenbar begrenzten praktischen Spielraums des Einwands – vielleicht abgesehen von der Versicherungsbranche - scheint es derzeit kaum Bedarf für eine erneute Prüfung dieser Bestimmung geben.

dd) Haftungsgrenze

In einigen Rechtsordnungen wurde die Haftungsgrenze von 500 EUR als ungerechtfertigte Problemquelle für die Verbraucher angesehen, insbesondere in Ländern, die über Gerichte verfügen, die gegen niedrige Kosten in Produkthaftungsklagen tätig werden, sowie in Rechtsordnungen, in denen diese „Schwelle“ so gehandhabt wird, dass dieser Betrag von einem etwaigen zugesprochenen Schadenersatz abgezogen wird („Selbstbehalt“), wie in der Bundesrepublik.

ee) Aufsichtsrechtliche Anforderungen

Einige Teilnehmer (vor allem aus der Pharmaindustrie) waren der Ansicht, dass die Richtlinie einen Schutz für Hersteller in Branchen bieten sollte, in denen die Sicherheit eines Produkts streng geregelt ist, und wenn die Produkte die geltenden Vorschriften vollständig einhalten. Mit der anhaltenden Erweiterung der Bestimmungen zur Produktsicherheit wäre zu erwarten, dass dieses Thema eine noch größere Bedeutung erlangt. Nach der in der Bundesrepublik zum 01.05.2004 greifenden Novellierung des Produktsicherheitsrechts wird es eine – widerlegbare – Vermutung der Sicherheit des Produkts geben.

ff) Konstruktionsfehler und mangelhafte Warnung

Einige Teilnehmer stellten ferner die Anwendbarkeit verschuldensunabhängiger Haftungssysteme in Fällen, die Konstruktionsfehler und mangelhafte Warnung betreffen, in Frage und waren der Ansicht, dass eine verschuldensabhängige Norm bei solchen Fehlern besser geeignet wäre.

gg) Zehnjahresfrist

Einige Verbraucherschützer und rechtliche Stellen wiesen auf die Frist von zehn Jahren hin, die zu unangemessenem Schutz der Hersteller führt. Im Bericht zum Grünbuch wurde angemerkt, dass hinsichtlich der Auswirkungen dieser Bestimmung oder einer möglichen Auswirkung einer Reform ungenügend empirische Erfahrungen vorliegen. Da einige Mitgliedstaaten die Richtlinie erst vor weniger als zehn Jahren umsetzten, ist es möglicherweise für eine fundierte Einschätzung noch zu früh.

b) Weitere Harmonisierung

aa) Gemäß der Richtlinie bestehende Harmonisierung

Die Richtlinie stellt eine Maßnahme dar, die zur Harmonisierung der Produkthaftungsgesetze innerhalb der EU auf einem bestimmten Niveau eingeführt wurde. Mit ihr wurde in allen Mitgliedstaaten (in einigen Fällen erstmalig) ein Konzept der verschuldensunabhängigen Haftung von Herstellern gegenüber durch fehlerhafte Produkte geschädigten Personen eingeführt. Damit stellt die Richtlinie eine gemeinsame Haftungsgrundlage sicher, auf der alle Personen in der EU Ansprüche auf Entschädigung gelten machen können, wenn sie durch ein Produkt geschädigt wurden, das nicht den berechtigten Sicherheitserwartungen entspricht.

Die Ergebnisse der Studie zeigen, dass die Richtlinie ihre Zielsetzungen im Wesentlichen erreicht hat. Dabei handelt es sich um eine bedeutende Leistung, wenn man bedenkt, dass einige der Bestimmungen zum Zeitpunkt des ersten Vorschlags der Richtlinie höchst umstritten waren. Auch die breite Akzeptanz der Richtlinie in der EU, wie sie in den Ergebnissen der Studie widergespiegelt wird, ist bemerkenswert.

bb) Artikel 13

Artikel 13 der Richtlinie gewährleistet die Koexistenz der nationalen Haftungssysteme mit dem durch die Richtlinie eingeführten System. Sie lässt nationale Haftungssysteme, aber auch etwa das UN-Kaufrecht unberührt. Angesichts der in den einzelnen Mitgliedstaaten unterschiedlichen nationalen Haftungssysteme kann eine vollständige Harmonisierung der Produkthaftung nicht erreicht werden, solange Artikel 13 besteht.

Aus den Antworten der Befragten ging jedoch insgesamt hervor, dass es keinen vordringlichen Bedarf für eine Abschaffung des Artikels 13 gibt, die zur Folge hätte, dass die Bestimmungen der Richtlinie zum einzigen Produkthaftungssystem unter Ausschluss des Deliktrechts, des Vertragsrechts und etwaiger „Sondersysteme für die Produkthaftung" (etwa Spezialfonds: Deutschland – Contergan; Frankreich – Asbest) würden.

Während es offenbar keine ernsthaften praktischen Hinderungsgründe für diesen Schritt gibt (abgesehen von der Frage der Ermächtigungsgrundlage), dürfte dies als politische Frage höchst umstritten sein, nicht zuletzt, da sie die Verbraucher der alternativen Möglichkeiten des Antrags auf Entschädigung berauben würde. Während beispielsweise in Deutschland mittlerweile Schmerzensgeld auch über die Richtlinie (das „ProdHG") erlangt werden kann, trieb Frankreich schon immer die historisch Sorge, das EU-Recht könnte das einen besseren Schutz bietende nationale Recht verdrängen oder einschränken. Darüber hinaus bestehen Bedenken, dass jegliche, mit der Abschaffung des Artikels 13 verbundene Reform das Interessensgleichgewicht stören würde, das die Richtlinie in ihrer aktuellen Form widerspiegelt.

cc) Auslegung der Richtlinie durch die nationalen Gerichte

Für die nationalen Gerichte besteht erheblicher Spielraum für abweichende Auslegungen der zentralen Bestimmungen der Richtlinie. Jüngste Fälle, in denen die Bedeutung des Begriffs „Fehler" betrachtet wurde, verdeutlichen das Ausmaß, in dem Auslegungsunterschiede zu sehr verschiedenen Ergebnisse in ansonsten ähnlichen Fällen führen können. Während etwa in den Niederlanden Ansprüche bei fehlerhaftem HIV-Screening zuerkannt wurden, wurden Ansprüche in vergleichbaren Fällen im Vereinten Königreich abgewiesen.

Möglicherweise führt die zunehmende Erfahrung mit der Richtlinie im Laufe der Zeit zu einer stärkeren Konsistenz in ihrer Anwendung durch nationale Gerichte. Gibt es jedoch weiterhin strittige Bereiche, könnten diese vor den EuGH gelangen, was wünschenswert wäre. Ansonsten ist unter Umständen ein Einschreiten der Kommission, beispielsweise durch eine Änderung der Richtlinie selbst, erforderlich. Angesichts der breiten Akzeptanz der Richtlinie sollte eine Gesetzesänderung allerdings nur als letztes Mittel in Betracht gezogen werden.

dd) Im breiteren Kontext

Die Richtlinie darf nicht isoliert betrachtet werden, sondern nur als Teil eines größeren Systems, das zahlreiche Faktoren einschließt (z.B. Sicherheits- und Verbraucherschutzgesetze, gerichtliche Praktiken und Vorgehensweisen, kulturelle und soziale Faktoren), welche alle die

Interessen sowohl der Verbraucher als auch der Unternehmen betreffen. Diese anderen Faktoren können auf das praktische Funktionieren der Produkthaftungssysteme, einschließlich der Richtlinie, einen größeren Einfluss haben als das materielle Gesetz selbst und unterliegen dauerhaft möglichen Veränderungen. Aus diesem Grund müssen mögliche Reformen der

Richtlinie im Hinblick auf ihre potenziellen Auswirkungen im größeren System im Rahmen einer „impact analysis" betrachtet werden (dazu ausführlich gleich *Arnold*).

5. Schlussfolgerungen

a) Überblick über die wichtigsten Ergebnisse

(1) Die Chancen für Produkthaftungsklagen sowie ihre wahrscheinlichen Ergebnisse unterscheiden sich in den Mitgliedstaaten. Für diese Unterschiede gibt es keinen einzelnen Grund. Sie resultieren vielmehr aus den folgenden Faktoren:

- die optionalen Bestimmungen der Richtlinie zur Produkthaftung
- Diskrepanzen bei der Umsetzung und Auslegung der Richtlinie
- Unterschiede der nationalen Haftungssysteme, die neben der Richtlinie existieren
- unterschiedliche Ansätze bei der Beurteilung von Schäden
- unterschiedliche Verfahrensregeln und Zugangsebenen zur Rechtsprechung
- unterschiedliche Haltungen bei den Verbrauchern in den verschiedenen Mitgliedstaaten

(2) Die Richtlinie hat die Aussichten von Produkthaftungsklagen/-ansprüchen und deren Erfolg leicht erhöht.

(3) Die Richtlinie hat geringfügig zu einem höheren Sicherheitsniveau der in der EU vermarkteten Produkte beigetragen.

(4) Es gibt kaum Hinweise dafür, dass Ungleichheiten bei der praktischen Anwendung von Produkthaftungssystemen der verschiedenen Mitgliedstaaten zu nennenswerten Handelsbarrieren oder Wettbewerbsverzerrungen in der EU führen. Einige wenige Hersteller wiesen darauf hin, dass ihre geschäftliche Tätigkeit in gewisser Weise durch solche Unterschiede beeinträchtigt wurde.

(5) Es gibt Hinweise darauf, dass Ungleichheiten bei der praktischen Anwendung von Produkthaftungssystemen der verschiedenen Mitgliedstaaten die Versicherungsgrundlage in verschiedenen Mitgliedstaaten beeinflussen kann. Es gibt jedoch keine Hinweise darauf, dass solche Ungleichheiten die Verfügbarkeit der Versicherungen in einem Mitgliedstaat einschränken. Hinsichtlich der Richtlinie selbst berichteten einige Hersteller und Versicherer einen leichten Anstieg der Versicherungsprämien infolge der Richtlinie.

(6) In den letzten zehn Jahren wurden deutlich mehr Produkthaftungsansprüche in der EU geltend gemacht.

(7) Obgleich die Richtlinie zu diesem Anstieg beigetragen hat, sind die bessere Kenntnis der Verbraucher über ihre Rechte, ihr verbesserter Zugang zu Informationen, und die Berichterstattung der Medien dabei die gewichtigeren Faktoren.

(8) Die Produkthaftungsansprüche in der EU sind in den letzten zehn Jahren nachweislich erfolgreicher durchgesetzt geworden. Zu dieser Verbesserung hat die Richtlinie beigetragen. Andere bedeutende Faktoren waren der verbesserte Zugang zu Rechtshilfe und -beratung und Änderungen in der Rechtssprechung.

(9) Es gibt Hinweise darauf, dass von Verbrauchern erhobene Ansprüche im Allgemeinen nach der Richtlinie mit einer höheren Wahrscheinlichkeit erfolgreich durchgesetzt werden, als wenn sie nach anderen nationalen Gesetzen vorgebracht werden. Dies ist in einigen Mitgliedstaaten mehr der Fall als in anderen.

(10) In den letzten zehn Jahren hat die Zahl außergerichtlicher Vergleiche leicht zugenommen. Dafür scheinen in erster Linie die Berichterstattung der Medien, der verbesserte Zugang zu Rechtshilfe und die Richtlinie verantwortlich zu sein.

(11) Die vorherrschende Meinung der Teilnehmer ist, dass die Richtlinie in ihrer bestehenden Form ein angemessenes Gleichgewicht der Bedürfnisse von Herstellern/Lieferanten und Verbrauchern herstellt. Die meisten Verbraucherschützer äußerten sich jedoch dahingehend, dass sie die Bedürfnisse der Verbraucher nicht angemessen schützt. Zu den genannten Gründen zählen die niedrigere Schwelle, die Beweislast und der Einwand der Entwicklungsrisiken, obwohl kein einzelner Faktor von den Verbraucherschützern mehrheitlich genannt wurde. Eine Minderheit der Hersteller glaubt, dass die Richtlinie die Bedürfnisse der Hersteller/Lieferanten nicht angemessen schützt. Der am häufigsten genannte Grund war die Anwendung der Richtlinie hinsichtlich Konstruktionsfehler und Warnungen und der fehlende Einwand der aufsichtsrechtlichen Anforderungen.

(12) Im Allgemeinen findet sich keine große Unterstützung für den Vorschlag einer Abschaffung von Artikel 13, um so die nationalen Haftungssysteme wie Vertragsrecht, Deliktrecht, und „Sondersysteme zur Produkthaftung" auszuschließen.

b) Allgemeine Feststellungen

(1) Erwiesenermaßen gibt es zum aktuellen Zeitpunkt keinen Bedarf für eine grundlegende Reform der Richtlinie zur Produkthaftung. Obwohl einige der Befragten bezüglich bestimmter Punkte Bedenken äußerten, erwies sich kein einziger Punkt als ein die gesamte Gemeinschaft betreffendes Anliegen, das grundlegende Änderungen rechtfertigenden würde.

(2) Die Richtlinie selbst wird in allen Mitgliedstaaten weitgehend akzeptiert, wenngleich hinsichtlich ihrer praktischen Anwendung noch umstrittene oder unsichere Bereiche bestehen. Die Kommission wird zweifellos die Entwicklungen im „case law" und die praktische Anwendung von Produkthaftungssystemen längerfristig beobachten, um festzustellen, ob ein Eingreifen in Zukunft erforderlich wird.

(3) Die Einrichtung einer zentralen Datenbank für die die Richtlinie betreffenden gerichtlichen Entscheidungen in den Mitgliedstaaten würde bedeutend zu einer stärkeren Harmonisierung der Anwendung der Richtlinie innerhalb der EU beitragen. Sie würde den nationalen Gerichten nicht nur bei der Anwendung der Bestimmungen der Richtlinie als Quelle dienen, sondern auch die Kommission bei der Beobachtung und Beurteilung der praktischen Umsetzung der Richtung langfristig unterstützen.

III. DIE BEWÄLTIGUNG VON MASSENSCHÄDEN

Wie oben erwähnt, ist die Effizienz des Produkthaftungsrechts im weiteren Sinne als Standortfaktor auch an der Tauglichkeit zur Bewältigung von Massenschäden zu messen. Sollte sich eine Rechtsordnung hierfür als gänzlich untauglich erweisen, kann dies auch als Nachteil empfunden werden.

1. USA

In den USA kann eine so genannte Sammelklage mit einem geringen Aufwand an die Darlegungslast und die Beweise recht schnell erhoben werden. Die Anspruchs begründenden Fakten und Nachweise werden erst im Rahmen der vorprozessualen Vorlage von Firmenunterlagen und Befragung von Organmitgliedern und Produktverantwortlichen geklärt. Dennoch kann mit einer Sammelklage nicht zuletzt aufgrund der hohen Medienwirksamkeit ein erheblicher Druck auf das beklagte Unternehmen aufgebaut werden. Dieser wir nicht zuletzt von den auf Erfolgshonorarbasis arbeitenden Klägeranwälten gefördert. Das Klagesystem ist kommerzialisiert, die Klägeranwälte erhalten im Erfolgsfall bis zu 60% des erstrittenen Betrages. Für Personen mit vergleichbaren Ansprüchen ist es zwar möglich, sich der Sammelklage anzuschließen („opt in") oder auszusteigen („opt out"). Oft beteiligen sich aber überhaupt nicht betroffene Personen an einer Sammelklage – oder die an einer Sammelklage beteiligten Personen sind/fühlen sich nicht ordentlich vertreten. Zudem können, da die Kosten des Prozessgegners nicht erstattet werden müssen, auch sehr weit hergeholte Ansprüche rechtshängig gemacht werden auf die Chance hin, etwa im Rahmen eines Vergleichs, also ohne gerichtliche Prüfung und Bestätigung der Ansprüche, nicht unerhebliche Zahlungen zu erlangen. Es ist allgemein bekannt, dass ein Großteil der im Rahmen von Sammelklagen aufgewendeten Gelder für Verfahrenskosten - nicht nur der Klägeranwälte - und für unbegründete Ansprüche aufgewandt wird, so dass das System, von Einzelfällen abgesehen, insoweit nicht als effizient zu bezeichnen ist.

2. England

Aus England fehlen im Bereich der Produkthaftung belastbare Erfahrungen. Es gab dort zwar die so genannte „representative action", die auf Richterrecht beruht und bei der die Anwälte anhand von „directives" des Gerichts geeignete Musterfälle zu Verhandlung vorschlugen; dies Prozessart war aber bei Produkthaftungsklagen nicht anwendbar. Im Jahre 2000 wurde die so genannte „group litigation" eingeführt, die sich nun in laufenden Produkthaftungsverfahren bewähren muss und auf Fälle anwendbar ist, die gleiche oder vergleichbare Tatbestands- oder Rechtsfragen aufwerfen.

3. Deutschland

Für Deutschland wäre eine entsprechende Entwicklung wünschenswert. Es ist nicht einzusehen, wieso große Konzerne sich in der Bundesrepublik niederlassen sollten, wenn keine effizienten Möglichkeiten der Rechtsdurchsetzung bestehen. Es kann als Schwäche angesehen werden, sich auf das deutsche Territorium zurückzuziehen und sich gegen in den USA im Wege des „forum shopping" erhobene Klagen durch formelle Einwendungen (Bestreiten der Zuständigkeit, Zustellungsrügen, fehlende Durchsetzbarkeit von „discovery orders") zu verteidigen, während amerikanische Konzerne die Herausforderung des dortigen Rechtssystems angenommen haben und sich, entsprechende Sorgfalt unterstellt, durchaus zu wehren wissen. Mit anderen Worten, es wäre sicher kein Nachteil, wenn in Deutschland ein effizientes Instrument zur Bewältigung von Massenschäden existierte. Bislang sind Massen- oder Musterverfahren (abgesehen vom Verwaltungsrecht) nur bei Zustimmung aller Parteien und des Gerichts denkbar – eine äußerst seltene Konstellation. Hilfskonstruktionen wie etwa die Abtretung der Ansprüche an einen („den") Kläger treffen auf Bedenken im Hinblick auf das Rechtsberatungsgesetz mit der drohenden Folge der Nichtigkeit der Abtretung und des Verlusts einer rechtskräftigen Entscheidung. Auch die Aussetzung während der Durchführung eines Musterverfahrens ist bedenklich, da sie tatbestandliche und verjährungsrechtliche Probleme aufwirft und nicht zuletzt zu einer Vervielfachung der Kosten führt. Daher erscheint es sachgerecht, nach einem Weg im Rahmen der Zivilprozessordnung zu suchen, um Massenverfahren angemessen durchführen zu können. Die Kriterien, die hier nur abstrakt formuliert werden können, dürften etwa so lauten:

Es sind sachgerechte Kriterien für die Bejahung der Frage, ob ein im Hinblick auf Sach- oder Rechtsfragen gleicher oder vergleichbarer Fall vorliegt zu formulieren. Deren Feststellung bedarf einer besonderen Eignung und Sorgfalt nicht nur des Gerichts, sondern auch der beteiligten Anwälte. Dies muss insgesamt zu einer Kostenersparnis führen.

Unter diesen Voraussetzungen besteht für die beteiligten Kreise, insbesondere die Verbraucher und die Unternehmen, kein begründeter Anlass, ein entsprechendes Instrument abzulehnen. Für den individuellen Verbraucher sinken tendenziell die Anforderungen an die Anspruchssubstantiierung und das Kostenrisiko, Unternehmen wird es leichter fallen, sich gegen eine Vielzahl von Ansprüchen sachgerecht zu verteidigen. Es entfällt der unter Umständen erhebliche Koordinationsaufwand, die Verteidigung in den zahlreichen Einzelfällen aufeinander abzustimmen (um - zwangsläufig - widersprüchlichen Vortrag zu vermeiden) und der Aufwand per se, die dieselben Ansprüche in zahlreichen Einzelprozessen abzuwehren, was zu einer Vervielfachung der Prozesskosten führt.

D. Verbraucherschutz, Industriepolitik und Impact Assessments[1]

Wolfgang Arnold

Der Grad und die Art und Weise des Verbraucherschutzes können Auswirkungen auf den Wirtschaftsstandort Deutschland haben. Ebenso wie die Intensität und die Ausgestaltung des Schutzes der Umwelt, des Schutzes der Arbeitnehmer, der Frauen, der Kinder, der Behinderten usw. sich auf Wachstum, Wettbewerbsfähigkeit und Arbeitsplätze auswirken. Die genannten Schutzrechte stehen in einem natürlichen Spannungsverhältnis mit unternehmerischer Freiheit und wirtschaftlicher Effizienz.

Diese Diagnose bedeutet auch aus Sicht des Ökonomen nicht, dass soziale, Umwelt- oder Verbraucherschutzregelungen verzichtbar wären. Die unsichtbare Hand des Marktes regelt nicht alles; Marktwirtschaft braucht einen Ordnungsrahmen. Entscheidend ist aber, diesen Rahmen so zu zimmern, dass er unternehmerische Initiative nicht erstickt und den heimischen Unternehmen keine gravierenden Nachteile im internationalen Wettbewerb beschert.

Dieser Grundsatz wurde in den letzten Jahren und Jahrzehnten leider nicht immer beachtet. Manches deutet darauf hin, dass die gravierenden wirtschaftlichen Probleme in den Kernländern Europas zu einem guten Teil auf Überregulierung und auf schlechte - d.h. falsche Anreize setzende - Regulierung zurückzuführen sind. Der Internationale Währungsfonds kommt in einer Modellrechnung zu dem Ergebnis, dass Verbesserungen des regulatorischen Rahmens in Europa auf längere Sicht bis zu 7% Wirtschaftswachstum bringen könnten[2].

Bei der Forderung nach Deregulierung und besserer Regulierung ist die Europäische Union inzwischen der primäre Adressat. Denn das für die Wirtschaft relevante Recht ist zu einem immer größeren Teil nicht mehr nationales, sondern europäisches Recht.

Ganz besonders belastet von Überregulierung und Überbürokratisierung ist die produzierende Wirtschaft, die klassische Industrie. Zum einen, weil sie in besonderer Weise mit sozialen, Arbeitsschutz- und Umweltauflagen überzogen wurde. Zum anderen, weil ihr Ausweichreak-

---

[1] Die in diesem Beitrag vertretenen Auffassungen und Standpunkte sind ausschließlich die des Autors

[2] When leaner isn't meaner: Measuring Benefits and Spillovers of Greater Competition in Europe, IMF, 2003.

tionen, die in manchen Bereichen des Handwerks und der Dienstleistungen praktiziert werden, nicht so einfach möglich sind.

Die praktisch einzige Möglichkeit, um überbordender regulatorischer Belastung zu entgehen, ist die Aufgabe der Produktion oder die Standortverlagerung. Diese Möglichkeit wird in Besorgnis erregendem Ausmaß genutzt, wobei natürlich auch Arbeitskosten, Steuern und Abgaben eine wichtige Rolle spielen. Die Bedeutung eines objektiv ungünstigen – bzw. eines subjektiv als ungünstig eingeschätzten - Rechtsrahmens sollte aber nicht unterschätzt werden. Nicht selten ist er der letzte Tropfen, der das Fass zum Überlaufen bringt.

Auf diesen Umstand haben Bundeskanzler Schröder, der französische Präsident Chirac und der britische Premierminister Blair in einem gemeinsamen Brief hingewiesen, den sie Anfang 2003 an den Präsidenten des Europäischen Rates gerichtet haben. Darin betonen sie zunächst, dass die Industrie nach wie vor entscheidende Quelle für Wachstum und Beschäftigung in Europa ist. Weiter heißt es: „Sie (die Industrie) darf nicht zum Feld von Regulierungsexperimenten gemacht werden, die höhere Kosten oder Belastungen für die Arbeitgeber bedeuten."

Konkret schlagen die drei Regierungschefs in dem Brief eine Durchforstung des bestehenden Regulierungsrahmens durch die Europäische Kommission und die Ausarbeitung von Vorschlägen zur Erleichterung und Entlastung der Wirtschaft vor. Zweitens fordern sie die Vermeidung ***neuer*** unnötiger Belastungen, u. a. durch effektive Konsultation der Betroffenen vor Entscheidungen und durch umfassende Folgenabschätzungen, wobei ein spezielles Augenmerk auf den Folgen für die industrielle Wettbewerbsfähigkeit im Weltmarkt liegen soll.

Durch den gemeinsamen Brief ist einiges in Bewegung gekommen. Die europäischen Staats- und Regierungschefs haben sich auf ihren Gipfeltreffen im März und Oktober 2003 die Forderungen der "großen Drei" zu eigen gemacht und der Kommission entsprechende Aufträge erteilt.

Bezüglich der Evaluierung des Regelungsbestandes gibt es zwar bisher nur Überlegungen und Vorarbeiten. Schon sehr viel weiter ist man aber bei der Entwicklung eines wirkungsvollen Systems der Gesetzesfolgenabschatzung. Hierzu hatte die Kommission im Rahmen einer "Better-Regulation-Initiative" bereits im Juni 2002 eine Mitteilung vorgelegt, die durch die Beschlüsse der Europäischen Räte im Jahr 2003 deutlich an Gewicht gewann.

Ziel ist eine neue, integrierte Methode der Folgenabschätzung, mit der bisherige fragmentarische Analysen ersetzt werden. Diesem Impact Assessment sollen alle wichtigen Initiativen

sowie Richtlinien- und Verordnungsvorschläge der Kommission unterzogen werden. Dabei ist ein zweistufiges Verfahren vorgesehen: Nach einer vorläufigen Folgenabschätzung für sämtliche Initiativen werden diejenigen ausgewählt, die aufgrund ihrer potentiellen Wirkungen einem ausführlichen, einem sog. Extended Impact Assessment unterzogen werden. In dessen Rahmen werden die wirtschaftlichen, die sozialen und die ökologischen Folgen untersucht. Geprüft werden muss auch, ob die Grundsätze der Subsidiarität und der Verhältnismäßigkeit gewahrt sind.

Um diese Untersuchungen sachgemäß durchführen zu können, ist jeweils eine umfassende Konsultation der Betroffenen vorgesehen. Dabei bedient sich die Kommission auch neuer Medien, insbesondere des Internets. Im Jahr 2003 wurden ca. 20 % der Kommissionsvorschläge aus dem Hauptbereich ihres Arbeitsprogramms einer ausführlichen Folgenabschätzung unterzogen. In diesem Jahr sollen es bereits 50 % sein.

Die bisher durchgeführten Impact Assessments geben Hinweise auf die Möglichkeiten und Chancen, aber auch auf die Grenzen des Instruments. Ein auch in der Öffentlichkeit breit diskutiertes Beispiel ist die Neuordnung des europäischen Chemikalienrechts. Dabei geht es um ein EU-einheitliches Registrierungs-, Bewertungs- und Zulassungssystem für Chemikalien unter Einschluss der Altstoffe.

Auf nachdrückliches Drängen u. a. der Bundesregierung hat die Kommission hierzu im Sommer 2003 eine Folgenabschätzung vorgelegt. Diese beschränkte sich aber im Wesentlichen auf eine Abschätzung der Kosten, die der chemischen Industrie durch die neuen Auflagen im Laufe der Zeit entstehen würden. Den am stärksten betroffenen Mitgliedstaaten reichte das nicht aus.

Im September 2003 schrieben deshalb Kanzler Schröder, Präsident Chirac und Premierminister Blair erneut einen gemeinsamen Brief – diesmal adressiert an Kommissionspräsident Prodi. Darin forderten sie eine umfassende Folgenabschätzung der Chemikalienvorschläge über die ganze Wertschöpfungskette hinweg - also unter Einbeziehung der Sektoren, die der chemischen Industrie vor- und nachgelagert sind. Und sie forderten verstärkte Rücksichtnahme auf die Sicherung der internationalen Wettbewerbsfähigkeit der europäischen Wirtschaft.

Die Kommission ist z. T. auf diese Mahnungen eingegangen, einige wichtige Elemente der Folgenabschätzung stehen aber noch aus. Beispielsweise die Analyse der Auswirkungen auf die Innovationsfähigkeit der europäischen Wirtschaft. Solche Fragen sind ohne Zweifel schwierig zu analysieren – sie dürfen aber trotzdem nicht aus dem Blick geraten.

Ein wichtiges Problem bei den Impact Assessments ist zudem die Tatsache, dass sich Kommissionsvorschläge im Laufe der Beratungen verändern, so dass die ursprünglichen Analysen an Aussagekraft verlieren. Um hier zu sachgerechten Lösungen zu kommen, wurde Ende 2003 eine interinstitutionelle Vereinbarung zwischen Europäischer Kommission, Europäischem Parlament und Rat abgeschlossen. Sie sieht u. a. die Durchführung von Folgenabschätzungen auch bei wesentlichen Änderungen der ursprünglichen Richtlinien- oder Verordnungsvorschläge vor. Ob dies angesichts der oft gegebenen Terminzwänge in der Praxis stets möglich sein wird, bleibt abzuwarten.

Offenkundig ist in jedem Fall, dass in den letzten Monaten die Voraussetzungen für eine rationalere, die Folgen der Entscheidungen stärker ins Kalkül ziehende, Rechtsetzung auf EU-Ebene wesentlich verbessert wurden. Diese verbesserten Voraussetzungen zu nutzen und wirklich „bessere" Regulierung auf den Weg zu bringen, ist Aufgabe der Entscheidungsträger – der Kommissare, der Minister im Rat und der Europaparlamentarier. Denn auch die besten Folgenabschätzungen werden politische Entscheidungen nie ersetzen können.

Impact Assessments können im Idealfall aufzeigen, welche Konsequenzen etwa sozial-, umwelt- oder verbraucherpolitisch motivierte Regelungen auf industrielle Wettbewerbsfähigkeit und Arbeitsplätze haben. Es ist Aufgabe der Politiker zu entscheiden, ob der Regelungszweck bedeutend genug ist, dass die Konsequenzen in Kauf genommen werden müssen. Wenn Alternativen und Folgen im Zeitpunkt der Entscheidung „auf dem Tisch liegen", wird jedenfalls ohne Zweifel die Transparenz verbessert und die Verantwortlichkeiten werden klarer.

Zusammenfassend:

Die wirtschaftlichen Probleme in Europa sind zu groß, als dass man sie durch unnötige oder falsche Regulierung auf EU-Ebene weiter verschärfen dürfte. Kanzler Schröder, Präsident Chirac und Premierminister Blair haben bei ihrem Treffen Mitte Februar 2004 in Berlin deut
lich gemacht, dass sie „am Ball bleiben wollen". Und auch die amtierende und die drei folgenden Ratspräsidentschaften – Irland, Niederlande, Großbritannien und Luxemburg – haben
in einer gemeinsamen Erklärung ihren Willen bekräftigt, das Thema „Better Regulation" zu einem Schwerpunkt ihrer Anstrengungen zu machen. Die Staats- und Regierungschefs der EU-Mitgliedstaaten haben dies beim Europäischen Rat am 25./26. März 2004 ausdrücklich unterstützt. Es spricht also viel dafür, dass die europäische Rechtsetzung künftig von größerer ökonomischer Rationalität geleitet sein wird.

II. TEIL
Notwendigkeit für Reformen in Deutschland?

A. Musterverfahren als Mittel zur prozessualen Bewältigung von Massenschäden

Fabian Reuschle

I. EINLEITUNG

Massenschäden sind ein Phänomen unserer modernen Gesellschaft. Massenproduktion, Massentransport sowie Verfahren der modernen Informationstechnologie führen im Falle von Störungen und Unfällen häufig zu einer Vielzahl von Geschädigten. Das weite Feld der Massenschäden reicht von Großunfällen bei Flugzeug-, Eisenbahn- und Schiffsunglücken bis hin zu Produkt- und Arzneimittelschäden, von wettbewerbswidrigen und verbraucherschädigenden Vertriebsmethoden über Veröffentlichung falscher Kapitalmarktinformationen gegenüber dem Kapitalmarkt bis hin zu Fällen des Anlagebetrugs.

Die prozessuale Durchsetzung des materiellen Rechts bereitet bei Massenschäden diverse Probleme.[1] Die Zivilprozessordnung ist grundsätzlich auf Einzelverfahren und das Geltendmachen von Individualansprüchen zugeschnitten. Das führt dazu, dass in einer Vielzahl von Einzelverfahren gleiche oder ähnliche Sach- und Rechtsfragen auf Grund desselben Vorfalls oder Geschehensablaufs aufgeklärt werden müssen. Diese wiederholte Aufklärung widerspricht dem Gedanken der Prozessökonomie. Darüber hinaus besteht die Gefahr, dass verschiedene Gerichte gleichgelagerte Sachverhalte unterschiedlich entscheiden, was unter dem Gesichtspunkt der Rechtssicherheit problematisch ist und in der Öffentlichkeit nicht verstanden wird.

---

[1] Ausführlich dazu *Reuschle*, Möglichkeiten und Grenzen kollektiver Rechtsverfolgung, WM 2004, 966 (967f.).

Im Folgenden sollen zunächst die in der Zivilprozessordnung bestehenden Bündelungsmöglichkeiten dargestellt und darauf hin untersucht werden, ob sie zur prozessualen Bewältigung von Massenschäden geeignet sind. Anschließend widmet sich der Beitrag alternativen Regelungsmodellen. Abschließend stellt er den Diskussionsentwurf eines Kapitalanleger-Musterverfahrensgesetzes zur Bewältigung von Massenschäden im Kapitalanlagebereich vor[2].

II. BÜNDELUNGSMÖGLICHKEITEN DE LEGE LATA

Die Zivilprozessordnung sieht eine Reihe von Instituten vor, um gleichartige Verfahren zu bündeln. Zu nennen sind hier die Streitgenossenschaft, die Nebenintervention, die Verfahrensverbindung sowie -aussetzung.
Die Voraussetzungen und Wirkungen der Streitgenossenschaft sind in §§ 59ff. ZPO geregelt. Eine Streitgenossenschaft liegt vor, wenn in einem Verfahren auf der Kläger- oder der Beklagtenseite mehrere Parteien auftreten. Die Streitgenossenschaft ermöglicht eine einheitliche Beweisaufnahme für alle verbundenen Verfahren. Die Streitgenossenschaft ist jedoch als Mittel zur Bewältigung von Massenschäden von nur begrenzter Wirksamkeit. Grund dafür ist, dass die Streitgenossenschaft nur die prozessualen Sonderfälle der gemeinschaftlichen Klage vor demselben Gericht oder die Verbindung einzelner gleichartiger Klagen betrifft. Bei einer großen Gruppe von Geschädigten, die möglicherweise über das ganze Land verstreut leben, ist es eher unwahrscheinlich, dass sie vor demselben Gericht klagen werden.

Eine weitere Bündelungsmöglichkeit stellt die Nebenintervention dar. Nach § 66 ZPO kann ein Dritter sich an einem Rechtsstreit zur Unterstützung einer Partei in jeder Lage des Rechtsstreits bis zur rechtskräftigen Entscheidung beteiligen. Voraussetzung der *Nebenintervention* ist nach § 66 Abs. 1 ZPO grundsätzlich das rechtliche Interesse eines Dritten daran, dass in einem zwischen anderen Personen anhängigen Rechtsstreit die eine Partei obsiege. Die Nebenintervention dürfte jedoch kaum zur Bewältigung von Massenverfahren geeignet sein. Im Zivilprozess ist eine Nebenintervention des Dritten, der sich in einer gleichen Rechtslage befindet, durch § 68 ZPO ausgeschlossen, soweit sich Erst- und Zweitverfahren gegen denselben Gegner richten.[3]

---

[2] Vgl. dazu den im Anhang (Teil IV) abgedruckten Gesetzesentwurf mit Begründung.
[3] Zutreffend *Walter Stahl*, Beiladung und Nebenintervention (Diss.), S. 50.

Zu einer streitgenossenschaftlichen Parteimehrheit führt auch die Verfahrensverbindung nach § 147 ZPO. Nach dieser Vorschrift kann ein Gericht mehrere bei ihm anhängige Verfahren zum Zwecke der gemeinsamen Verhandlung und Entscheidung miteinander verbinden. Die Verfahrensverbindung setzt jedoch voraus, dass mehrere Prozesse in gleicher Instanz bei

demselben Gericht, nicht notwendig bei demselben Spruchkörper anhängig sind.[4] Dadurch erfährt das Institut der Verfahrensverbindung eine deutliche Einschränkung, weil es nicht möglich ist, Rechtsstreite zum Zwecke der Verbindung von einem Gericht an ein anderes zu verweisen.[5]

Die *Verfahrensaussetzung* nach § 148 ZPO ist ebenfalls ein Mittel zur Bündelung gleichgerichteter Interessen. Nach dem klaren Wortlaut der Vorschrift knüpft die Verfahrensaussetzung an die Vorgreiflichkeit einer Rechtfrage an. Im Falle von Massenschäden geht es jedoch regelmäßig nicht um vorgreifliche, sondern um gleichgelagerte oder identische Rechts- und Tatsachenfragen.[6] Selbst wenn man der teilweise im Schrifttum vertretenen Auffassung[7] folgt, wonach aus Gründen der Prozessökonomie eine Aussetzung in Betracht kommt, um etwa mehrfache Beweisaufnahmen zu derselben Tatsachenfrage zu vermeiden, bleibt die Frage ungeklärt, welches der Verfahren als Musterverfahren ausgewählt werden soll.[8]

III. ALTERNATIVE REGELUNGSMODELLE IN AUSLÄNDISCHEN RECHTSORDNUNGEN

Die aufgezeigten herkömmlichen Bündelungsmöglichkeiten des deutschen Zivilprozessrechts sind zur prozessualen Bewältigung von Massenschäden mit einer Vielzahl von Geschädigten kaum geeignet.[9] Andere Länder wie beispielsweise die Vereinigten Staaten, Großbritannien,

---

[4] Nach einer im Vordringen befindlichen strengeren Auffassung setzt § 147 ZPO voraus, dass derselbe Spruchkörper innerhalb des Gerichts mit den zu verbindenden Klagen befasst ist, da es ansonsten zu einem Entzug des „gesetzlichen Richters" komme, so *Stein/Jonas/Leipold*, § 147 ZPO, Rn. 15. Jedoch erscheint diese „Überkonstitutionalisierung" des einfachen Prozessrechts zu weitgehend.

[5] *Hopt/Baetge*, in: Die Bündelung gleichgerichteter Interessen im Prozess, S. 55; *Lüke*, Die Beteiligung Dritter im Zivilprozess, 1993, S. 448; *Stadler*, in: Brönneke (Hrsg.), Kollektiver Rechtsschutz im Zivilprozess, S. 5.

[6] Zutreffend *Stadler*, aaO., S. 6.

[7] *Haß*, Gruppenklage, S. 177ff.; MünchKomm-ZPO/*Peters*, § 148 Rn. 9; *v. Bar*, Gutachten A für den 62. Deutschen Juristentag, A 93.

[8] Ebenso *Stadler*, aaO., S. 6.

[9] Ebenso *Zypries*, Musterverfahren stärken Anlegerschutz, Editorial in BB 2004, Heft 23.

Japan, Österreich und die Schweiz haben schon seit längerem Gruppen- und Vertreterklagen eingeführt, um Streuschäden prozessual befriedigend zu bewältigen. Diese sollen im Folgenden nur kurz im Überblick[10] dargestellt werden:

1. Die class action (Gruppenklage) in den Vereinigten Staaten

Nach der US-amerikanischen class action[11] - geregelt in Rule 23 der U.S. Federal Rules of Civil Procedure - können ein oder mehrere Anspruchsberechtigte die Forderungen aller Inhaber des betreffenden Anspruchs in einer Klage geltend machen. Formelle Parteistellung erlangen dabei nur die sog. Gruppenkläger (named plaintiffs). Die repräsentierten Gruppenmitglieder werden weder namentlich genannt noch müssen sie vor dem Gericht erscheinen. Ein Urteil oder ein Vergleich binden jedoch sowohl die named plaintiffs als auch die repräsentierten Gruppenmitglieder.

2. Group litigation im englischen Prozessrecht

Das englische Zivilverfahrensrecht kannte bis vor kurzem als kollektive Klageform nur die sog. *representative action.* Im Mai 2000 wurden zusätzlich Verfahrensregeln über die sog. *group litigation* eingeführt.[12] Nach diesen Verfahrensregeln wird auf Antrag oder von Amts wegen eine gemeinsame Verhandlung und Entscheidung gleichgelagerter Tatsachen- und Rechtsfragen ermöglicht. Organisatorisch knüpft die group litigation an ein Register beim Prozessgericht an, in das sämtliche Klagen einzutragen sind. Das Gericht bestimmt unter anderem, inwieweit über Streitpunkte gemeinsam oder getrennt verhandelt wird, ob einzelne Verfahren als Musterverfahren ausgewählt und wie die Verfahrenskosten zwischen den in das Register eingetragenen Kläger verteilt werden.

---

[10] Ausführlich dazu *Reuschle*, Möglichkeiten und Grenzen kollektiver Rechtsverfolgung, WM 2004, 966 (969ff.).

[11] Ausführliche zur class action: *Baetge/Eichholtz*, Die Class Action in den USA, in: Die Bündelung gleichgerichteter Interessen im Prozess (1999), S. 287-361; *Eichhholtz*, Die US-amerikanische Class Action und ihre deutschen Funktionsäquivalente (2002); *Gottwald*, Class Actions auf Leistung von Schadensersatz nach amerikanischem Vorbild im deutschen Zivilprozess?, ZZP 91 (1978), S. 1ff; *Haß*, Die Gruppenklage (1996), S. 258; *Heß*, Die Anerkennung eines Class Action Settlement in Deutschland, JZ 2000, S. 373ff..

[12] Vgl. dazu *Heß; Andrews*; Multi-Party Proceedings in England: Representative and Group Actions, ZZPInt. 5 (2000), S. 3 [11ff.].

3. Die Gruppenklage im japanischen Prozessrecht

Die japanische Zivilprozessrechtsordnung kennt ebenfalls eine Rechtsschutzform[13] zur Durchsetzung von Gruppeninteressen. Nach § 47 Abs. 1 der japanischen Zivilprozessordnung (j-ZPO) können mehrere Personen mit gemeinsamen Interesse eine oder mehrere Personen von ihnen bestellen, die als Kläger oder Beklagter für die Gesamtheit auftreten. Mit der Übertragung des Prozessführungsrechts auf einen Gruppenvertreter scheiden alle übrigen Personen kraft Gesetzes aus dem Prozess[14] aus. Das Urteil, das gegen die bestellte Partei gefällt wird, wirkt auch gegenüber den anderen Personen.[15]

4. Die besondere Vertreterklage in Österreich

Zur Bündelung der Interessen kennt das österreichische Recht die sog. Vertreterklage. Das sog. Kuratorengesetz[16] datiert vom 24. April 1874 (ÖRGBl. S. 95). Es regelt die Bestellung eines gemeinsamen Kurators für die Inhaber sog. Teilschuldverschreibungen, sofern deren Rechte mangels gemeinsamer Vertretung gefährdet würden. Der vom Gericht bestellte Kurator vertritt die Schuldverschreibungsgläubiger gerichtlich und außergerichtlich. Dem einzelnen Schuldverschreibungsgläubiger ein eigenständiges Klagerecht nicht zu;[17] jedoch kann jeder Schuldverschreibungsgläubiger einem vom Kurator geführten Prozess als streitgenössischer Nebenintervenient beitreten.[18]

5. Die besondere Vertreterklage in der Schweiz

Ähnlich wie die Vertreterklage im österreichischen Kuratorengesetz kennt das schweizerische Anlagefondsgesetz (AFG) eine echte Form der Gruppenklage. Gemäß Artikel 27 Abs. 2 AFG können die Anleger gegen die Fondsleitung, die Depotbank oder die für sie handelnden natürlichen oder juristischen Personen auf Erfüllung ihrer Pflichten und auf Haftung gegenüber

---

[13] Diese Rechtsschutzform wurde mit dem ersten Änderungsgesetz zur japanischen Zivilprozessordnung im Jahre 1926 eingeführt, vgl. *Nakamura*, Die japanische ZPO in deutscher Sprache, S. 12.

[14] Vgl. § 47 Abs. 2 j-ZPO.

[15] Vgl. § 201 Abs. 2 j-ZPO.

[16] Gesetz betreffend die gemeinsame Vertretung der Rechte der Besitzer von auf Inhaber lautenden oder durch Indossament übertragbaren Teilschuldverschreibungen und die bücherliche Behandlung der für solche Teilschuldverschreibungen eingeräumten Hypothekarrechte.

[17] Vgl. § 9 Abs. 1 des Kuratorengesetzes.

[18] Vgl. § 9 Abs. 2 des Kuratorengesetzes in Verbindung mit § 17 Abs. 2, § 20 der österreichischen Zivilprozessordnung.

dem Fonds selbst klagen. Das Gericht kann einen Vertreter der Anleger ernennen, wenn Schadensersatzansprüche auf Leistung an den Anlagefonds glaubhaft gemacht werden.[19] Zur Vermeidung paralleler Verfahren können einzelne Anleger nicht mehr auf Leistung klagen, sobald der Vertreter Klage erhoben hat.[20]

IV. LÖSUNGSANSÄTZE DE LEGE FERENDA

1. Vom 62. Deutschen Juristentag bis zum Diskussionsentwurf eines Kapitalanleger-Musterverfahrensgesetzes[21]

Die Bemühungen zur verfahrensrechtlichen Bewältigung von Massenschäden reichen zurück bis zum 62. Deutschen Juristentag. Das Gutachten von v. Bar schlug vor, eine allgemeine, dem § 93a VwGO entsprechende Regelung für Musterverfahren in die Zivilprozessordnung aufzunehmen[22]. Das Plenum lehnte diesen Vorschlag damals ab.

Erneuten Auftrieb erhielten die Bemühungen durch die Empfehlungen der Regierungskommission „Corporate Governance". Diese gelangt im Kapitalmarktbereich zu dem Ergebnis, dass falsche Darstellungen gegenüber dem Kapitalmarkt in aller Regel Streuschäden mit vielen Geschädigten und vergleichsweise geringen Schadensersatzsummen verursachen. Sie verweist darauf, dass entwickelte Kapitalmärkte wie beispielsweise die USA und Großbritannien bei vorsätzlichen oder gravierenden leichtfertigen Anlegerschädigungen einen effektiven Vertretungsmechanismus kennen, bei dem die Geltendmachung weit gestreuter Einzelschäden gebündelt werden. In Anlehnung an §§ 26, 206 UmwG sowie an das in § 308 a.F. UmwG[23] geregelte Spruchverfahren empfiehlt die Regierungskommission prozessual flankierend ein Vertretermodell (Partei kraft Amtes für die geschädigten Anleger) zu institutionalisieren und durch diese Anspruchsbündelung bei einer Person eine wirksame Durchsetzung der Schadensersatzansprüche der geschädigten Anleger zu gewährleisten. Ebenso plädierte der 64. Deutsche Juristentag in Berlin 2002 für eine Einführung einer bereichsspezifischen Gruppen-

---

[19] Vgl. Artikel 28 Abs. 1 AFG

[20] Vgl. Artikel 28 Abs. 4 AFG.

[21] Vergleiche hierzu Teil 4 S.77ff.

[22] v. Bar, Gutachten A für den 62. Deutschen Juristentag Bremen 1998, A 101.

[23] Aufgrund der Neuordnung des gesellschaftsrechtlichen Spruchverfahrens findet sich die Figur des gemeinsamen Vertreters nunmehr in § 6 SpruchG.

klage, um gerade das im Kapitalmarktbereich auftretende Phänomen der Massenschäden prozessual zufriedenstellend zu bewältigen.

Die Empfehlungen der Regierungskommission „Corporate Governance“ und des 64. Deutschen Juristentags, im Kapitalmarktbereich zur Bewältigung von Massenschäden kollektive Rechtsschutzformen einzuführen, hat die Bundesregierung in ihrem 10-Punkte-Programm zur Stärkung der Unternehmensintegrität und des Anlegerschutzes im Jahre 2003 aufgegriffen. Am 7. April 2004 stellte die Bundesministerin der Justiz einen Diskussionsentwurf eines Kapitalanleger-Musterverfahrensgesetzes vor, der für einen Teilbereich Abhilfe bei der verfahrensrechtlichen Bewältigung von Massenschäden schaffen will. Im Folgenden soll der Diskussionsentwurf vorgestellt werden.

2. Kein allgemeines Musterverfahrensgesetz zur Bewältigung von Massenschäden

Der Diskussionsentwurf schlägt zur Bündelung gleichgerichteter Interessen und Ansprüche geschädigter Kapitalanleger die Führung von Musterverfahren vor. Diese kollektive Rechtsschutzform soll ausschließlich auf die Geltendmachung kapitalmarktrechtlicher Schadensersatzansprüche beschränkt bleiben. Für die Beschränkung und für die rechtspolitische Notwendigkeit eines Musterverfahrens im Kapitalmarktbereich sprechen die folgenden Erwägungen:

- **Ordnungspolitische Gründe**

Die Einführung des Musterverfahrens dient der Stärkung der zivil- und kapitalmarktrechtlichen Informations- und Prospekthaftung. Ein schlagkräftiges kollektives Rechtsverfolgungsinstrument soll Emittenten im Bereich des Kapitalmarktrechts verstärkt dazu veranlassen, die Publizitäts-, Vertriebs- oder sonstigen Verhaltensregeln einzuhalten. Die kollektive Rechtsschutzform in Gestalt eines Musterverfahrens verstärkt die staatliche Finanzmarktaufsicht als sog. zweite Spur. Den geschädigten Anlegern kommt dabei eine wesentliche Rolle bei der Durchsetzung des Marktordnungsrechts zu.

- **Effektiverer Rechtsschutz**

Die prozessuale Bündelung gleichgerichteter Interessen in einem Musterverfahren dient der Verbesserung des Rechtsschutzes. Auf Grund der im Kapitalmarktbereich in der Regel hohen Rechtsverfolgungskosten besteht die Gefahr, dass der einzelne Anspruch gar nicht durchgesetzt werden kann oder seine Durchsetzung in keinem wirtschaftlichen Verhältnis zum Aufwand steht. Die Anspruchsbündelung hat den Vorteil kostengünstiger Prozessführung und effektiver Rechtsdurchsetzung: Der Diskussionsentwurf schafft zum einen für den einzelnen Anleger den Anreiz, sich dem Musterverfahren durch Klageerhebung auch dann anzuschließen, wenn er wegen der hohen Prozessrisiken und -kosten den eigenen Anspruch im Einzelrechtsstreit gar nicht durchsetzen würde. Zum anderen soll mittels der Einführung eines Musterverfahrens, die Lenkungs- und Steuerungsfunktion des materiellen Haftungsrechts für Fälle der im Kapitalmarktbereich typischen sog. Streu- und Distanzschäden wiederhergestellt werden. Die prozessuale Anspruchsbündelung in Gestalt eines Musterverfahrens vermeidet darüber hinaus die Gefahr divergierender Entscheidungen der Gerichte zu ein und denselben Tatsachen- und Rechtsfragen. Dabei spielt eine Rolle, dass die Haftungsnormen gerade im Bereich des Kapitalmarktrechts auf besondere Weise typisiert und standardisiert sind. Den Prototyp einer standardisierten Haftung stellt die börsenrechtliche Prospekthaftung nach den §§ 44 ff. BörsG dar. Die Haftung beruht auf der Fehlerhaftigkeit des Börsenzulassungsprospekts. Die Frage, ob wesentliche Angaben fehlen, der Prospekt einen unzutreffenden Gesamteindruck vermittelt, die Mängel für eine bilanzkundigen Durchschnittsanleger nicht ersichtlichen waren, kann nur einheitlich für alle Anleger beantwortet werden und nicht nach den individuellen Verhältnissen jedes einzelnen Anlegers.

- **Justizentlastung**

Die Einführung eines Musterverfahrens bringt ferner eine deutliche Entlastung für die Gerichte. Die Gerichte müssen bei Durchführung eines Musterverfahrens nicht mehr über eine Vielzahl gleichgelagerter, komplizierter Rechts- und Tatfragen in parallelen Rechtsstreiten entscheiden. Vielmehr befasst sich nur noch das Oberlandesgericht mit der vorgelegten Musterfrage und erledigt dadurch für alle bei den Prozessgerichten anhängigen Rechtsstreiten die gleichen Sach- und Rechtsfragen.

Ferner wird die in der Gerichtspraxis für den Kapitalmarktbereich häufig schwierige Gewinnung von geeigneten Sachverständigen erleichtert, da nur ein einziger Sachverständiger eingeschaltet werden muss, während ohne die Kollektivierung in einem Musterverfahren in mehreren Rechtsstreiten bei verschiedenen Gerichten eine Vielzahl von Sachverständigen Gutachten zu erstellen hätten. Die Einführung eines Musterverfahrens führt daher zu einem ressourcenschonenden Personaleinsatz von Sachverständigen und steigert die Effizienz der Justiz.

- **Standortfrage**

Schließlich ist die Einführung eines Musterverfahrens im Bereich des Kapitalmarktrechts eine Standortfrage des „Börsen- und Justizplatzes Deutschland". Bei der Standortfrage geht es um die Konkurrenz zwischen verschiedenen Gerichtsplätzen in Europa und anderen Staaten; durch die Einführung eines kollektiven Rechtsinstruments wird das deutsche Prozessrecht modernisiert; das Musterverfahren soll letztlich die Anleger veranlassen, vor deutschen Gerichten zu klagen und nicht im Wege des forum shoppings auf andere Staaten auszuweichen. Darüber hinaus trägt die Einführung eines kollektiven Rechtsverfolgungsinstruments auch dem berechtigten staatlichen Interesse Rechnung, deutsche Kapitalmärkte durch die inländische Justiz zu kontrollieren und eine extraterritorial ausgreifende Gesetzgebung anderer Staaten zu verhindern. Aus der Sicht deutscher Emittenten schafft das Musterverfahren die Möglichkeit, auf ausländischen Kapitalmarktplätzen auf geeignete kollektive Rechtsschutzmöglichkeiten in Deutschland zu verweisen und dadurch eine Kanalisierung von Rechtsstreiten im Inland bewirken zu können.

3. Lösungskonzept – Inhalt der Regelungen im Überblick

Um zu ermöglichen, gleichgerichtete Interessen mehrerer Kläger gegen einen Beklagten prozessual in einem Verfahren zu bündeln, schlägt der Diskussionsentwurf die Einführung eines ausschließlichen Gerichtsstands bei falschen öffentlichen Kapitalmarktinformationen am Sitz des Emittenten sowie die gesetzliche Verankerung des Musterverfahrens in einem eigenständigen Gesetz vor:

a) Ausschließlicher Gerichtsstand

Der Diskussionsentwurf sieht eine örtliche ausschließliche Zuständigkeit bei Klagen gegen inländische Emittenten vor, mit denen der Ersatz eines auf Grund falscher oder irreführender öffentlicher Kapitalmarktinformationen verursachten Schadens geltend gemacht wird (§ 32b ZPO-E). Zuständig ist das Gericht, in dessen Bezirk der betroffene Emittent seinen Sitz hat. Im Anwendungsbereich der Verordnung (EG) Nr. 44/2001 des Rates vom 22. Dezember 2000 über die gerichtliche Zuständigkeit und die Anerkennung und Vollstreckung von Entscheidungen in Zivil- und Handelssachen (ABl. EG 2001 Nr. L 12 S. 1) kommt gegenüber ausländischen Emittenten vorrangig deren Artikel 5 Nr. 3 (Gerichtsstand der unerlaubten Handlung) zur Anwendung, der die örtliche Zuständigkeit mit regelt und die Inanspruchnahme deutscher Gerichte begründen kann.

b) Ausgestaltung des Musterverfahrens

Ziel des Musterverfahrens ist es, für eine Mehrheit von Klägern einheitlich das Vorliegen einer in mehreren Prozessen strittigen Anspruchsvoraussetzung in sachlicher wie rechtlicher Hinsicht festzustellen. Bei der Ausgestaltung des Musterverfahrens nimmt der Diskussionsentwurf dabei weder die US-amerikanische class action noch die representative action im englischen Zivilverfahrensrecht zum Vorbild. Eine automatische Rechtskrafterstreckung auf am Verfahren nicht beteiligte Dritte würde den individualistisch geprägten Rechtsschutzgrundsätzen des deutschen Verfassungs- und Prozessrechts zuwiderlaufen. Der Diskussionsentwurf wählt vielmehr einen Mittelweg: Die Bindungswirkung der im Musterverfahren getroffenen Entscheidung wird nur auf anhängige Parallelprozesse erstreckt. Dabei wird die Bindungswirkung nicht durch eine Rechtskrafterstreckung des Musterverfahrens auf die Parallelprozesse erzielt. Vielmehr ähnelt die vorgeschlagene Bindung der Streitverkündungs- bzw. Interventionswirkung nach §§ 74 Abs. 3, 68 ZPO: Im Hinblick auf den tatsächlichen Vortrag und damit verbundene Subsumtionsschlüsse im Musterverfahren tritt eine Bindung für die Parallelprozesse ein. Die intendierte Bindungswirkung auf die Parallelprozesse stellt dabei eine zulässige Modifikation des individuellen Anspruchs auf ein gerichtliches Verfahren dar. Denn die Betroffenen der Parallelprozesse haben über ihre Stellung als Beigeladene im Musterverfahren die Möglichkeit, Angriffs- und Verteidigungsmittel vorzubringen und dadurch den Verlauf des Verfahrens zu beeinflussen. Die rechtliche Ausgestaltung des Musterverfahrens lässt sich folgendermaßen skizzieren:

aa) Musterfeststellungsantrag

Das Musterverfahren kann nur auf Antrag der Parteien eines Rechtsstreits, nicht von Amts wegen (§ 1 KapMuG-E) eingeleitet werden. Ziel des Musterfeststellungsantrags ist es, eine in verschiedenen Prozessen zu klärende Musterfrage einheitlich mit Breitenwirkung feststellen zu lassen. Gegenstand der Feststellung können einzelne Elemente oder Vorfragen eines Rechtsverhältnisses oder einer Anspruchsgrundlage sein.

Der Musterfeststellungsantrag ist nur in einem Schadensersatzprozess auf Grund falscher oder irreführender öffentlicher Kapitalmarktinformationen statthaft. Zudem muss der Antragsteller glaubhaft machen (§ 294 ZPO), dass der richterlichen Feststellung der zu klärenden Musterfrage Bedeutung über den einzelnen Rechtsstreit hinaus für andere gleichgelagerte Rechtsstreite zukommen kann.

bb) Bekanntmachung des Musterfeststellungsantrags im Klageregister des elektronischen Bundesanzeigers

Die Durchführung eines Musterverfahrens setzt neben dem gestellten Musterfeststellungsantrag weitere 10 gleichgerichtete Musterfeststellungsanträge voraus. Zulässige Musterfeststellungsanträge werden in einem neu eingerichteten Klageregister des elektronischen Bundesanzeigers bekannt gemacht. Ziel der Bekanntmachung ist es, die potentiell geschädigten Anleger über die Rechtshängigkeit eines Rechtsstreits zu informieren und ihr Interesse zu wecken, sich an dem beabsichtigten Musterverfahren zu beteiligen. Das Klageregister stellt daher ein modernes Kommunikationsmedium dar, um eine Bündelung von Ansprüchen geschädigter Anleger für die Durchführung eines Musterverfahrens zu erreichen.

Da der ausschließliche Gerichtsstand bei falschen oder irreführenden öffentlichen Kapitalmarktinformationen (§ 32b ZPO-E) nur auf inländische Emittenten beschränkt ist, ist bei der Vergemeinschaftung der gerichtlichen Zuständigkeit im Binnenmarkt kaum zu gewährleisten, dass sich verschiedene Kläger – unabhängig voneinander – quasi zwangsläufig bei einem Gericht treffen. Soweit ein ausländischer Emittent nach Artikel 5 Nr. 3 der Verordnung (EG) des Rates Nr. 44/2001 in Deutschland vor verschiedenen Gerichten auf Schadensersatz in Anspruch genommen wird, trägt das Klageregister dazu bei, dass die bei verschiedenen Gerichten gestellten Musterfeststellungsanträge für die Durchführung eines Musterverfahrens zahlenmäßig berücksichtigt werden können.

cc) Vorlageverfahren an das Oberlandesgericht

Das Prozessgericht holt einen Musterentscheid bei dem im Rechtszuge übergeordneten Oberlandesgericht unter zwei Voraussetzungen ein (§ 4 Abs. 1 KapMuG-E): Zum einen muss in dem Rechtsstreit vor dem Prozessgericht der zeitlich erste Musterfeststellungsantrag, sei es durch den Kläger oder sei es durch die Beklagte, gestellt worden sein. Zum anderen müssen innerhalb einer Frist von vier Monaten nach der Bekanntmachung des zeitlichen ersten Musterfeststellungsantrags in mindestens zehn weiteren Rechtsstreiten vor demselben oder anderen Gerichten gleichgerichtete Musterfeststellungsanträge gestellt worden sein. Die zeitliche Reihenfolge der bei den Prozessgerichten gestellten Musterfeststellungsanträge beurteilt sich ausschließlich nach der Bekanntmachung im Klageregister. Mit Hilfe der Bekanntmachung der Musterfeststellungsanträge im Klageregister lässt sich auch bestimmen, welches Prozessgericht zur Vorlage an das Oberlandesgericht verpflichtet ist, wenn die Anträge bei verschiedenen Gerichten gestellt wurden.

dd) Musterverfahren und Musterentscheid

Nach Anhängigkeit des Musterverfahrens beim Oberlandesgerichts setzen die Prozessgerichte die bei ihnen rechtshängigen Rechtsstreite aus. Mit der Aussetzung soll für alle Rechtsstreite eine einheitliche Entscheidung erreicht werden.

Zur Durchführung des Musterverfahrens bestimmt das Oberlandesgericht einen Musterkläger von Amts wegen; die übrigen Kläger werden zu dem Musterverfahren beigeladen (§ 7 KapMuG-E).

Bei Entscheidungsreife entscheidet das Oberlandesgericht über die Musterfrage, d.h. die auf Antrag festzustellende Anspruchsvoraussetzung, durch Musterentscheid (§ 11 KapMuG-E). Der Musterentscheid ergeht durch Beschluss. Gegen den Musterentscheid steht dem Musterkläger, den Beigeladenen sowie dem Musterbeklagten die Rechtsbeschwerde zu (§ 12 KapMuG-E). Der rechtskräftige Musterentscheid bindet die Prozessgerichte sowie im Umfang seines Feststellungsziels auch die Beigeladenen und den Musterbeklagten (§ 13 KapMuG-E).

Die Bestimmung des Oberlandesgerichts zur Verhandlung und Entscheidung des Musterverfahrens in erster Instanz (§ 119a GVG-E) findet seine Berechtigung zum einen darin, dass die Erfahrung und die zu erwartende Spezialisierung der Senate am Oberlandesgericht eine hohe Richtigkeitsgewähr der getroffenen Entscheidung gewährleistet. Zum anderen spricht für die erstinstanzliche Zuständigkeit der Oberlandesgerichte die Tatsache, dass der Musterentscheid verschiedene Prozessgerichte bindet, wenn gegen einen ausländischen Emittenten an den jeweiligen deutschen Prozessgerichten Musterfeststellungsanträge gestellt wurden. Insofern lehnt sich die vorgeschlagene Entscheidungszuständigkeit und die vertikale Bindungswirkung an das Modell des früheren Rechtsentscheids in Mietsachen (§ 541 a.F. ZPO) an.

ee) Sinn und Zweck der Beiladung

Der Diskussionsentwurf sieht vor, dass die Kläger der ausgesetzten Verfahren zu dem Musterverfahren beigeladen werden. Die VwGO kennt das Institut der Beiladung in § 65, der ZPO ist es auch nicht fremd, wie beispielsweise die § 640e Abs. 1 Satz 1 sowie § 856 Abs. 3 zeigen. Mit der Beiladung zum Musterverfahren soll dem verfassungsrechtlich garantierten Anspruch auf Rechtsschutz Rechnung getragen. Die Beigeladenen können auf diese Weise nicht nur Einfluss auf die rechtliche Würdigung des Richters nehmen, indem sie sich mit dem anzuwendenden Rechtsvorschriften auseinandersetzen und dem Richter ihre Rechtsmeinung unterbreiten. Sie können vor allem auf die Sammlung des Tatsachenstoffs hinwirken, der Grundlage für die richterliche Entscheidung ist.

Die Rechtsstellung der Beigeladenen lehnt sich anders als das österreichische Kuratorengesetz nicht an die Rechtsfigur des streitgenössischen Nebenintervenienten, sondern an diejenige des einfachen Nebenintervenienten an. Der Beigeladene ist daher nur Nebenpartei und bleibt Dritter im Musterverfahren.

Mit der Beiladungswirkung nach § 13 Abs. 2 KapMuG-E soll vermieden werden, dass die Beigeladenen nach rechtskräftigem Abschluss des Musterverfahrens die tatsächlichen und rechtlichen Grundlagen des Musterentscheids im Verhältnis zur Beklagten wieder in Frage stellen können. Soweit jedoch der Beigeladene keinen Einfluss auf die Entscheidung im Musterverfahren nehmen konnte, greift die Bindungswirkung aus Gründen des rechtlichen Gehörs nicht ein.

ff) Beitritt im Rechtsbeschwerdeverfahren

Im Rechtsbeschwerdeverfahren sieht der Diskussionsentwurf die Besonderheit vor, dass die Beigeladenen, soweit sie nicht selbst Rechtsbeschwerde einlegen, dem Rechtsbeschwerdeverfahren beitreten können. Mit dem zusätzlichen Beitrittserfordernis soll dem Umstand Rechnung getragen werden, dass ein Beigeladener frei darüber disponieren können soll, ob er gegen einen negativ feststellenden Musterentscheid Rechtsmittel einlegen will oder nicht. Unabhängig davon, ob der Beigeladene aktiv durch Beitritt oder eigene Rechtsbeschwerde am Rechtsbeschwerdeverfahren teilnimmt, wirkt die Entscheidung des Rechtsbeschwerdegerichts für und gegen ihn (§ 13 Abs. 3 KapMuG-E). Für die Kosten des Rechtsbeschwerdeverfahren haften bei einem Unterliegen des Musterklägers jedoch nur die Beigeladenen, die dem Rechtsbeschwerdeverfahren beigetreten sind oder zusätzlich eine eigene Rechtsbeschwerde eingelegt haben.

gg) Kosten des Musterverfahrens

Der Diskussionsentwurf sieht eine Kostenregelung vor, die das Prozesskostenrisiko der geschädigten Kapitalanleger minimiert und dadurch entscheidend zur Attraktivität des Musterverfahrens beiträgt. So entstehen im erstinstanzlichen Musterverfahren keine zusätzlichen Gerichts- oder Rechtsanwaltsgebühren. Die im Verfahren vor dem Oberlandesgericht anfallenden Auslagen, hierzu zählt insbesondere die Sachverständigenvergütung, werden im Verhältnis der geltend gemachten Forderungen auf die einzelnen Prozessverfahren verteilt. Das Rechtsbeschwerdeverfahren wird kostenrechtlich der Revision gleichgestellt. Eine Haftung des Beigeladenen für diese Kosten kommt nur dann in Betracht, wenn er aktiv am Rechtsbeschwerdeverfahren teilnimmt. Zur Beschleunigung des Verfahrens und zur Vereinfachung der Kosteneinziehung und -ausgleichung sieht der Diskussionsentwurf vor, dass im Musterverfahren keine Gerichtskostenvorschüsse erhoben werden.

V. AUSBLICK

Mit dem Kapitalanleger-Musterverfahrensgesetz (siehe den vollständigen Diskussionsentwurf des Gesetzes samt Erläuterungen im Anhang, Teil IV) wird in Deutschland ein dritter Weg kollektiver Rechtsverfolgung beschritten, der die Nachteile der in anderen Jurisdiktionen praktizierten Verfahren zur Bewältigung von Massenschäden vermeiden will. Sollte sich das zur Diskussion stehende deutsche Musterverfahren im Kapitalmarktbereich bewähren, dürfte es nicht nur Vorbild für andere Länder werden, sondern auch in Deutschland die Diskussion neu entfachen, inwieweit auch in anderen Rechtsbereichen der Weg eines Musterverfahrens eröffnet werden sollte.

B. Die Sicht der Industrie: Die Sammelklage und der Standort Deutschland – Auswirkungen und Perspektiven

Jan Wulfetange

Deutschlands Volkswirtschaft ist sehr von den Exporten seiner Güter und Dienstleistungen abhängig. Die regelmäßigen Überschüsse der Exporte über die Importe zeugen davon, dass deutsche Unternehmen nach wie vor eine bedeutende Rolle im Welthandel einnehmen. Dies ist ein großer Erfolg, der immer wieder neu erarbeitet werden muss. Das Kapital unseres rohstoffarmen Landes sind im Wesentlichen die Menschen, die ihr Können und Wissen für die Unternehmen einsetzen und vielfältige Produkte entwickeln. Der Wettbewerb, in dem deutsche Unternehmen stehen, ist hart und fordert alle Anstrengungen, um den unternehmerischen Erfolg dauerhaft und nachhaltig zu sichern.

Deutsche Unternehmen müssen auf allen Weltmärkten bestehen. Insbesondere der amerikanische Markt bietet vielfältige Chancen, aber auch Risiken, die sorgfältig gegeneinander abgewogen werden sollten, bevor die Entscheidung fällt, diesen Markt zu beliefern. Oft werden sich die Unternehmen dafür entscheiden (müssen), um im internationalen Wettbewerb nicht zurückzufallen.

In den USA werden deutsche Unternehmen mit hierzulande unbekannten rechtlichen Besonderheiten konfrontiert. Diese zu kennen und sie richtig einzuschätzen, ist jedem deutschen Produzenten oder Zulieferer anzuraten. Eine dieser Besonderheiten ist die sog. „class action" oder „Sammelklage", die im deutschen Zivilprozessrecht unbekannt ist.

Mit solchen Sammelklagen sehen sich zunehmend deutsche Unternehmen in den USA konfrontiert. Diese Klagen zeichnen sich dadurch aus, dass ein Kläger ausländische Staaten oder ein potentiell vermögendes Unternehmen wegen einer angeblichen Rechtsverletzung und der damit verbundenen Schädigung einer größeren Gruppe von Personen auf Schadenersatz in Mio.- oder gar Mrd.-US-Dollar-Höhe verklagt. Dieser Klage können sich andere vermeintlich durch dasselbe Produkt oder dieselbe Sache geschädigte Kläger innerhalb und außerhalb der USA anschließen. Häufig geschieht dies dadurch, dass der Klägeranwalt hierzu potentiell Betroffene wegen einer Beteiligung an der Klage anspricht oder hierzu Internet-Foren einrichtet.

Auf Sammelklagen spezialisierte Anwaltskanzleien ziehen sogar in Roadshows innerhalb und außerhalb der USA, um sich zu präsentieren und für eine Klagebeteiligung zu werben.

Solche Sammelklagen sind deshalb für die beklagten Unternehmen so schwer einzuschätzen, weil der Kreis der Kläger relativ unbegrenzt ist, weil nur minimale Anforderungen an die „gleichartigen Lebenssachverhalte" und die daraus resultierenden Ansprüche gestellt werden. Das Drohpotential ist erheblich. Solche Sammelklagen werden von den amerikanischen Rechtsanwälten dazu genutzt, die beklagten Unternehmen in Vergleichsverhandlungen zu zwingen. Dieses Verhalten wird noch verstärkt durch die üppigen Erfolgshonorare, die die Klägeranwälte mit den Klägern vereinbaren. Diese liegen häufig zwischen 30-40% der Klagesumme. Dies motiviert die Anwälte wiederum dazu, extreme Schadenersatzsummen einzufordern. Sammelklagen sind aus Sicht der Industrie ein wirksames Instrument, um das Niveau des amerikanischen Produktschutzes und der Produktqualität anzuheben. In anderen Staaten mit hoher Produktregulierung wirken diese Klagen dagegen innovationshemmend.

Sammelklagen richten sich jedoch nicht nur gegen Hersteller von Produkten wegen Produktfehlern, sondern auch gegen Banken und Industrieunternehmen wegen angeblicher Verletzungen der Menschenrechte außerhalb der USA. Das Feld der potentiellen Beklagten ist offen. Diejenigen, die die Sammelklage unterstützen, müssen in der Klageschrift noch nicht einmal namentlich genannt werden, geschweige denn in einer mündlichen Verhandlung auftreten. Das macht es für die Beklagten so schwer, das Prozessrisiko und damit das Kostenrisiko abzuschätzen.

Beliebt sind Sammelklagen auch deshalb, weil die beteiligten Mitkläger, in deren Namen eine Person klagt, keine Prozesskosten tragen und der Anwalt nur im Erfolgsfall ein Honorar verdient, das aus der Klagesumme bezahlt wird. Kein Kostenrisiko, aber volle Erfolgschancen erhöhen die Bereitschaft, eine solche Sammelklage zu unterstützen, erheblich.

Das Risiko einer Sammelklage lässt sich auch nicht annähernd angemessen versichern. Die inzwischen weit verbreiteten Directors and Officers Liability – Versicherungen (D&O-Versicherungen) können allenfalls einen Teil der Schadensumme abdecken. Bei vorsätzlichen Verstößen greift diese Deckung gar nicht. Darüber hinaus sind D&O-Versicherungen teuer und mit zahlreichen Ausschlüssen versehen. Die Prämien hängen vom Umfang der Geschäftstätigkeit und insbesondere von den Märkten ab, in denen das Unternehmen tätig ist. Für US-

Risiken wird teilweise gar keine Deckung angeboten. Ein vollumfänglicher Versicherungsschutz wäre für die Unternehmen auch nicht bezahlbar, gäbe es ihn.

Sammelklagen werden heute in den USA vor allem im Wettbewerbs-, Produkthaftungs- und Umweltrecht, aber auch bei schweren Unfällen mit einer Vielzahl von Opfern (z.B. im Fall des Seilbahnunglücks von Kaprun) oder bei Massendelikten eingereicht.

Bedenklich ist vor allem, dass die US-amerikanische Justiz immer häufiger ihre gerichtliche Zuständigkeit für zivile Haftungsklagen annimmt, in denen kein unmittelbarer oder mittelbarer Bezug zu den USA zu erkennen ist. Die sog. „long arm statutes" – Regeln führen grundsätzlich dazu, dass ausländische Unternehmen bereits bei einem minimalen Kontakt zu den USA oder seinen Bürgern der US-Gerichtsbarkeit unterfallen. Doch werden diese prozessualen Regeln allmählich durch Verfahren ausgehebelt, die sich auf andere Rechtsnormen stützen. So sind beispielsweise mehrere Sammelklagen in den USA gegen europäische Industrieunternehmen und Banken wegen angeblichen Menschenrechtsverletzungen anhängig, die sich außerhalb der USA ereignet haben sollen und durch die kein US-Bürger geschädigt wurde. Diese Klagen werden auf den sog. Alien Tort Statute von 1789 gestützt. Ursprünglich sollte dieses US-Gesetz die Piraterie auf hoher See eindämmen. Nunmehr nutzen findige Klägeranwälte dieses in seiner Reichweite und seinem Geltungsbereich unklare Gesetz, um potente Unternehmen und Staaten finanziell in die Knie zu zwingen.

Dies gelingt nicht immer, wie das Beispiel der Klage von Angehörigen des namibischen Herero-Stammes gegen die Bundesrepublik Deutschland wegen der Niederschlagung eines Aufstands gegen die deutschen Kolonialtruppen zeigt. Dennoch bleiben zahlreiche Verfahren anhängig, deren Ausgang offen ist.

So ist derzeit beispielsweise die sog. Apartheid-Sammelklage gegen große deutsche und europäische Konzerne noch nicht entschieden, in der es darum geht, ob und inwieweit diese Unternehmen durch Produktlieferungen und –finanzierungen nach Südafrika das damalige Apartheid-Regime gestützt haben. Maßgebliche Rechtsgrundlage für diese Klage ist der vorher beschriebene Alien Tort Statute. Die Klageforderung beläuft sich auf stattliche 100 Mrd. US-Dollar.

Der US Supreme Court wird in Kürze Gelegenheit haben, den Anwendungsbereich des Alien Tort Statute näher zu definieren. Sowohl zum sog. Sosa-Fall wie auch zum sog. Empagran-Fall erwarten wir bis zum Frühsommer 2004 richtungsweisende Entscheidungen des obersten US-Gerichts. Am 26.04.2004 wird die mündliche Verhandlung in Sachen Empagran statfinden. Hierbei geht es um die Auswirkungen eines internationalen Vitamin-Kartells. Gegen die hieran beteiligten Unternehmen sind deswegen bereits außerhalb der USA hohe Bußgelder verhängt worden.

Der BDI hofft, dass der US Supreme Court den extraterritorial wirkenden Alien Tort Statute begrenzt. Sollte dies nicht der Fall sein, dürften sich noch mehr Kläger berufen fühlen, hohe Schadenersatzsummen auf der Grundlage dieses Gesetzes einzufordern. Die Entscheidungen sind daher von enormer Bedeutung für die Wirtschaft.

Darüber hinaus ist aus Sicht der deutschen Industrie jeder Versuch zu unterstützen, die von Sammelklagen ausgehende rechtliche und finanzielle Unsicherheit zu beseitigen oder zumindest abzumildern. Insofern unterstützen wir nachdrücklich den Entwurf eines „Class Action Fairness Act", der Sammelklagen auf bestimmte Fälle und Gerichte begrenzen soll. Damit hätte das sog. Forum Shopping ein Ende.

Dieser Reformansatz wird auch von der US Chamber of Commerce und der US-Regierung befördert, weil die US-amerikanische Wirtschaft und Politik zunehmend die Problematik der Sammelklagen als wettbewerbshindernd empfinden. Denn Sammelklagen treffen auch amerikanische Unternehmen. Ob diese notwendige Reform sich durchsetzen wird, hängt im Wesentlichen davon ab, ob es gelingt, die Anwaltslobby im Senat hiervon zu überzeugen. Das US-Repräsentantenhaus hat den Gesetzentwurf bereits im Juni 2003 mit einer großen Mehrheit verabschiedet, während der Senat das Verfahren derzeit blockiert.

Sammelklagen sind aber leider nicht nur ein rein amerikanisches Phänomen. Sie finden sich auch in anderen Staaten, beispielsweise in Australien. Auch in Europa widmet man sich inzwischen verstärkt der Ausweitung von Klagerechten.

Die wachsende Begeisterung für Anliegen von vermeintlich benachteiligten oder geschädigten Personengruppen wie Kapitalanlegern oder Verbrauchern zeigt sich in vielen Rechtsgebieten. Entsprechende Debatten werden in der Wissenschaft und der Politik auf allen Ebenen geführt. Beispielsweise entwickelt sich national und international ein immer stärker werdendes Verbraucherschutzrecht. Der Begriff des „Verbrauchers“ hält Einzug in viele Rechtsnormen. Grundsätzlich wird er von vielen Meinungsbildnern als schwächere Verhandlungs- und Vertragspartei wahrgenommen. Daher soll ihm nach den Vorstellungen von Verbraucherschutzverbänden ein umfänglicher Schutz gegenüber Unternehmen garantiert werden. Die Folgekosten und -lasten eines zu weitgehenden Verbraucherschutzes für die davon betroffenen Unternehmen werden nur selten beziffert oder öffentlich vorgetragen.

Auch in anderen Rechtsgebieten tendiert die Europäische Union dazu, bestimmten Personengruppen oder Vereinen/Verbänden eigene prozessuale Rechte einzuräumen. So schlägt die Europäische Kommission beispielsweise vor, Umweltverbänden und Bürgerinitiativen eine generelle Klagebefugnis in Umweltverfahren zu gewähren. So steht es in einem von ihr im vergangenen Jahr vorgeschlagenen Richtlinienentwurf. Solche Verbandsklagerechte sind rechtssystematisch bedenklich, weil sie zum einen davon ausgehen, dass bestimmte Güter wie die Umwelt einen anderen Fürsprecher als den Staat selbst benötigen, und zum anderen der Gesetzgeber nicht die gebotene Gesetzesfolgenabschätzung solcher Rechtsinstitute vornimmt.

Verbandsklagerechte führen zu jahrelangen gerichtlichen Auseinandersetzungen. Sie bieten auch ein erhebliches erpresserisches Potential, um die Unternehmen zu einem von einem klagebefugten Verband erwünschten Verhalten zu zwingen. Insoweit wird es vielfach gar nicht zu Prozessen kommen. Stattdessen werden Unternehmen in diesen Fällen - häufig medienwirksam - in die Zange der öffentlichen Meinung genommen und zu einem Handeln im Sinne der Beschwerdeführer bewegt. Dabei spielt es keine Rolle, ob die Vorwürfe berechtigt sind oder nicht.

Verbandsklagerechte werden von den begünstigten Verbänden genutzt werden, um sich in Foren auszutauschen, sich abzusprechen und gemeinsame Klagen vorzubereiten. Dies mindert die Planungs- und Risikobereitschaft der von einer solchen Klage – die zu einer Gruppenklage erweitert werden kann – betroffenen Unternehmen. Aus Sicht der Industrie ist Verbraucher- und Anlegerschutz sinnvoll, sofern und soweit er nötig ist, um Ungleichgewichte zu beseitigen und der Schutz dazu dient, wirkliche Mängel auszugleichen.

Gerade beim Umweltschutz können wir aber nicht erkennen, dass zusätzliche Verbandsklagerechte erforderlich sind. Der Staat als Sachwalter der Umwelt nimmt seine Aufgabe ausreichend und im Sinne aller Beteiligten wahr. Hierzu verpflichtet ihn schon der Grundsatz, dass jedes belastende und in die Rechte Dritter eingreifende staatliche Agieren notwendig und verhältnismäßig sein muss. Umweltschutzorganisationen agieren hingegen sehr medienorientiert und versuchen bewusst, Umweltsünder öffentlich zu brandmarken. Dies hat das Umweltbewusstsein gestärkt, führt aber auch leider dazu, dass unberechtigt verdächtigte Unternehmen ihren Reputationsverlust und ihre unmittelbaren Umsatzeinbußen kaum oder gar nicht ersetzt erhalten. Solche Gerichtsverfahren wegen Umweltschäden können für die beklagten Unternehmen existenzgefährdend oder gar -vernichtend sein. Sie vertreten eigene, subjektive Interessen, die den Interessen der Unternehmen oft entgegenstehen.

Auch im Kapitalmarktrecht erleben wir seit Jahren eine hitzige Diskussion um die Art und den notwendigen Umfang eines Anlegerschutzrechtes. Diese Debatte wird auf europäischer und nationaler Ebene zum Teil sehr emotional geführt. Das Stichwort „Sammelklagen" wird zwar ungern in den Mund genommen, dennoch wollen viele interessierte Kreise eine stärkere oder gar vollendete Aktionärsdemokratie. Dazu zählen auch Maßnahmen zur Stärkung des Anlegerschutzes im Bereich der Schadenersatzklagen. So hat sich zum Beispiel der Deutsche Juristentag für eine persönliche Kapitalmarkthaftung von Vorständen und Aufsichtsräten ausgesprochen. Auch die deutsche Bundesregierung plant dies offenbar. So soll im Frühsommer 2004 ein entsprechendes 2. Anlegerschutzverbesserungsgesetz die Grundlage für die persönliche Kapitalmarkthaftung schaffen. Zudem hat das Bundesministerium der Justiz soeben den Entwurf für ein Kapitalanleger-Musterverfahrensgesetz vorgelegt. Dies soll es mehreren geschädigten Anlegern gegen ein und denselben Beklagten ermöglichen, wegen einer bedeutenden Rechtsfrage ein Musterverfahren zu beantragen. Auch wenn hierdurch Verfahren abgekürzt werden können, trägt dieses Gesetz Züge der von der Wirtschaft einhellig abgelehnten Sammelklage. Denn durch das geplante Musterverfahrens-Register im elektronischen Bundesanzeiger sorgt der Staat dafür, dass die Einleitung eines solchen Verfahrens für eine breite Öffentlichkeit publik wird und lädt geradezu ein, auf den fahrenden Zug der „Musterklage" aufzuspringen.

Wenn man diese rechtspolitischen Tendenzen zusammenfasst, lässt sich Folgendes festhalten:

Der Trend zu einer Ausdehnung des Anleger- und Verbraucherschutzes und einer gleichzeitigen Verschärfung der Organhaftung ist eindeutig. Dies wird im Ergebnis dazu führen, dass es künftig noch schwieriger werden wird, geeignete Persönlichkeiten zu gewinnen, die bereit sind, sich diesen Haftungs- und Klagerisiken zu stellen. Unternehmerisches Handeln lässt sich aber nicht durch rechtliche Regeln motivieren, die einseitig im Dienste des Verbrauchers oder Anlegers erlassen werden. Der BDI wendet sich gegen ein immer enger werdendes, kaum noch überschaubares rechtliches Korsett, das wir unseren Entscheidungsträgern in der Wirtschaft zumuten. Wer in der Politik von Bürokratieabbau spricht, sollte beim Wort genommen und nach der Sinnhaftigkeit zusätzlicher Regeln befragt werden. Umso mehr kommt es darauf an, die zum Teil widerstreitenden Interessen von Unternehmen einerseits und Verbrauchern und Anlegerschützern andererseits sorgsam gegeneinander abzuwägen und auszugleichen. Sammelklagen sind aus unserer Sicht ein ungeeignetes Instrument, um dem deutschen Wirtschaftsstandort ein besseres Renommee zu verschaffen.

C. Die Sicht der Politik: Sammelklagen - Bedrohung des Rechts- und Wirtschaftsstandortes Deutschland?

Jan Söffing

Die immer größere Welle von Sammelklagen gegen deutsche Unternehmen in den USA bedroht zunehmend auch den Wirtschaftsstandort Deutschland und hier insbesondere den von Nordrhein-Westfalen. Aufgrund des amerikanischen Rechtssystems und der damit verbundenen Prozessrisiken sind die betroffenen Unternehmen häufig wirtschaftlich bedroht. In der Regel werden die Klagen mit mehrstelligen Euro Millionen begonnen und enden sehr häufig mit einem Bruchteil davon. Von den z. B. klageweise zunächst geltend gemachten 100 Millionen bleiben dann am Ende "nur" 10 Millionen Euro übrig. Für das betroffene Unternehmen liegt in der Differenz meist die Antwort auf die Frage nach dem wirtschaftlichen Absturz oder Fortbestand.

Ein Kernproblem: Die schwindelerregend hohen Schadensersatzforderungen der Klage findet man auf Seite 1 der Tageszeitung, das Ergebnis der nächsten oder übernächsten Instanz mit der viel niedrigeren Schadenssumme, wenn überhaupt im Wirtschaftsteil auf der letzten Seite. In der Konsequenz heißt das: Der Ruf wird beschädigt, wenngleich ein finanzieller Schaden gar nicht entstanden oder zumindest wesentlich geringer ausgefallen ist. Allein in den USA selbst verursachen die Schadensersatz- und Sammelklagen jährlich einen Schaden von rund 200 Milliarden Dollar.

Der bekannteste deutsche und zugleich nordrhein-westfälische Fall ist sicherlich derjenige der Bayer AG. Bisher wurden rund 8.000 Klagen wegen behaupteter Nebenwirkungen des seit längerer Zeit vom Markt genommenen Medikaments "Lipobay" bei US-Gerichten eingereicht. Mehrmals wurde das Unternehmen von jeglicher Haftung freigesprochen. Doch der Imageschaden bleibt. Die Aktienmärkte sind skeptisch, die Anleger kritisch. Als Folge können sich wirtschaftliche Schwierigkeiten am Markt einstellen. Der Gütersloher Medienkonzern Bertelsmann und die Telekom sind weitere bekannte Unternehmen, die sich Sammel- und Schadensersatzklagen in den USA ausgesetzt sehen. Musikautoren aus den USA verlangen von Bertelsmann insgesamt 17 Milliarden US-Dollar wegen entgangener Lizenzzahlung im Zusammenhang mit dem Engagement von Bertelsmann für die Tauschbörse "Napster".

Der Streit um die Bewertung des Immobilienvermögens beim dritten Börsengang der Bonner Telekom hat zu einer Sammelklage von US-Investoren vor einem New Yorker Bundesgericht geführt. Vor dem Hintergrund stetig steigender Direktinvestitionen deutscher Unternehmen in den USA gewinnen die Sammelklagen und deren negative Auswirkungen auf die betroffenen Firmen in Deutschland zunehmend an Bedeutung. Hat sich der Wert der Direktinvestitionen in den letzten Jahren bundesweit verdoppelt, so sind die Direktinvestitionen in Nordrhein-Westfalen sogar um den dreifachen Betrag angestiegen. Auch die Zahl der Beschäftigten in Deutschland, die von den deutsch-amerikanischen Beziehungen in diesem Bereich betroffen sind, ist in den vergangen Jahren deutlich gestiegen.

Der spektakuläre Fall der Bayer AG zeigte, dass die Chemieindustrie in besonderem Maße durch die US-Sammelklagen gefährdet ist. Die Chemische Industrie zählt in Deutschland zu den wichtigsten Branchen. Innerhalb Deutschlands ist Nordrhein-Westfalen mit seinen 18 Millionen Einwohnern der mit großem Abstand wichtigste Chemiestandort. Dies gilt sowohl für den Umsatz mit 35 % als auch für die rund 130.000 Beschäftigten, die einen Anteil von 29 % ausmachen. Damit ist die Chemie Wirtschaftszweig Nummer 1 im größten Bundesland, das eine Exportquote von knapp 50 % ausweist. Unter den rund 1.750 Chemie- und Pharmabetrieben in Deutschland beschäftigen knapp 90 % weniger als 500 Beschäftigte.

Es handelt sich also keineswegs um eine von wenigen Großunternehmen geprägte Branche. Auch in Nordrhein-Westfalen sind kleinere Betriebe in der Chemischen Industrie stark vertreten. Ihre Existenz ist im Falle einer Sammelklage umso mehr bedroht, weil sie nicht die nötige Masse zum Ausgleich der Schadenssummen aufweisen, aber auch nicht die möglichen Einbrüche beim Umsatz durch die eintretende Rufschädigung ausgleichen können. Die dann eintretenden wirtschaftlichen Schwierigkeiten werden zum Politikum, da Arbeitsplätze in großem Umfang bedroht sind. Bedroht nicht etwa deshalb, weil Unternehmen am Markt nicht mehr wettbewerbsfähig sind, sondern bedroht, weil völlig überzogene Schadensersatzforderungen nach US-amerikanischen Recht einen virtuellen finanziellen Niedergang suggerieren, der tatsächlich überhaupt nicht vorliegt. In solchen Fällen ist nicht nur die Wirtschaft, sondern auch die Politik gefordert.

Die Risiken der Klagen sind weitgehend bekannt. Gerade die Fälle der jüngeren Vergangenheit haben gezeigt, welchen Gefahren deutsche Unternehmen, die in den USA tätig sind, ausgesetzt werden. Mangels Aufklärung und Erfahrung sind deutsche Unternehmen jedoch diesem US-System aber immer noch weitgehend schutzlos ausgeliefert. Sowohl die Landesregierung als auch die Bundesregierung müssen auf internationaler Ebene initiativ werden, um

dieses Arbeitsplatzvernichtung produzierende System zu entschärfen. Sie müssen im Gleichklang eines Europäischen Konzerts Druck auf die amerikanische Regierung machen, ihre Gesetze und ihr Rechtssystem anzupassen. Die rechtlichen Rahmenbedingungen und die Justiz, die darüber wacht, sind ein weicher Standortfaktor und haben nachhaltigen Einfluss auf Entwicklung und Bestand von Unternehmen. Es geht um einen fairen Wettbewerb, an den sich auch die USA im internationalen Wirtschaftsgeflecht der zunehmenden Globalisierung halten müssen. Sonst droht dem Standort Deutschland und hier insbesondere dem Standort Nordrhein-Westfalen weiterer Schaden.

III. TEIL

Zusammenfassung der Podiumsdiskussion im Rahmen der Tagung am 4. März 2004 in Potsdam

Leo Gräf

Wie in einem Brennglas zeigte die Podiumsdiskussion zum Abschluss der Veranstaltung die verschiedenen Standpunkte zu dem öffentlich vielfach beachteten Reizthema „Sammelklagen". Es diskutierten Thomas C. Mahlich, Partner und Leiter der deutschen Abteilung für Prozessrecht und internationale Schiedsverfahren der US-Anwaltskanzlei Jones Day in München, Jan Söffing, rechtspolitischer Sprecher der FDP-Fraktion und Vizepräsident des Landtags von Nordrhein-Westfalen, und Dr. Fabian Reuschle, Referent im Bundesministerium für Justiz. Tatsächlich gab es nach doch konträrer Debatte eine Art Minimalkonsens zwischen den Kontrahenten: Einig waren sie sich darin, dass eine Stärkung der Stellung der Verbraucher durch eine Änderung der juristischen und prozessualen Verfahren durchaus erwünscht ist – gleichzeitig aber alles dafür getan werden müsste, um Sammelklagen-Exzesse wie in den USA zu vermeiden.

Mahlich, der sich als Anwalt mit Sammelklagen konfrontiert sieht, erklärte, es reiche nicht aus, die Class Action zu beklagen. Das größte Problem sei nicht, dass es diese spezielle Verfahrensart gebe, sondern dass die von ihr betroffenen deutschen Unternehmen und ihre deutschen Rechtsberater von dieser Verfahrensart im Regelfall überfordert seien. Ein wirtschaftlich professionell agierendes Unternehmen müsse die Möglichkeit einer Sammelklage als festes Risiko eines ausländischen Marktes akzeptieren – und sich entsprechend darauf vorbereiten. Mahlich: „Das Beispiel der Bayer AG zeigt, dass man auch in den USA mit der richtigen Strategie und bei entsprechender anwaltlicher Vertretung einen Rechtsstreit gewinnen kann."

Söffing hingegen sieht die Sammelklagen gegen deutsche Unternehmen in den USA eine Bedrohung für die deutsche Wirtschaft. Aufgrund des amerikanischen Rechtssystems und der damit verbundenen Prozessrisiken seien betroffene Unternehmen häufig in ihrer Existenz bedroht. Als problematisch bezeichnetet er, dass auch ohne Erfolg für die Sammelkläger ein Schaden ein enorm hoher Schaden für das Unternehmen bleibe. Die schwindelerregend hohen Zahlen der Klage finde ein großes mediales Echo, während das Ergebnis der nächsten oder übernächsten Instanz mit der viel niedrigeren Schadenssumme kaum mehr in die Medien finde. Der Ruf werde so geschädigt, wenngleich ein finanzieller Schaden gar nicht entstanden oder zumindest wesentlich geringer ausgefallen ist.

Reuschle steuerte einen an den juristischen Grundlagen in Deutschland ansetzenden Blickwinkel bei. Das geltende Zivilprozessrecht biete im Bereich des Kapitalmarktrechts keine hinreichenden Möglichkeiten zur kollektiven Durchsetzung gleichgerichteter Gläubigerinteressen – was er aus Gründen des Verbraucherschutzes ebenso für problematisch hielt wie aus prozessökonomischen Gründen. Zur effizienteren Bewältigung sollten daher die traditionellen Formen der Bündelung von Schadensersatzklagen durch die Möglichkeit der Führung von sogenannten Musterverfahren erweitert werden. Ziel des Musterverfahrens sei es, über einzelne Tatsachen oder Rechtsfragen zu entscheiden, die allen Ansprüchen der Kläger gemeinsam sind. Bis zur Klärung der Musterfrage in einem Musterverfahren würden die Rechtsstreite der Kläger ausgesetzt und nach Abschluss des Musterverfahrens entschieden.

Die Ausgestaltung solcher Musterverfahrens sollten sich gerade nicht an einem Gruppenvertretermodell wie der Class Action orientieren, weil dies den individualistisch geprägten Rechtsschutzgrundsätzen des deutschen Verfassungs- und Prozessrechts zuwiderliefen.

Ergänzend im Hinblick auf die Auslandinvestitionen deutscher Unternehmen forderte Söffing Landesregierung und Bundesregierung auf, Initiativen auf internationaler Ebene zu starten, die die Wettbewerbsverzerrungen durch Sammelklagen in den USA beseitigen. Diese müssten Druck auf die amerikanische Regierung machen, Gesetze und Rechtssystem internationalen Standards anzupassen.

Dem widersprach Mahlich. Appelle deutscher Politiker, die Bundesregierung möge entsprechenden Druck auf die USA ausüben, das Institut der Class Action abzuschaffen, seien „nicht zielführend“. Er erkannte gar staatlichen Protektionismus in der Tatsache, dass das Bundesverfassungsgerichts, die Zustellung einer Sammelklage gegen die Bertelsmann AG untersagt hatte.

IV. TEIL

Diskussionsentwurf vom 7. April 2004 eines Gesetzes zur weiteren Verbesserung des Anlegerschutzes*

Gesetz über Musterverfahren zu Schadensersatzklagen von Kapitalanlegern (Kapitalanleger-Musterverfahrensgesetz - KapMuG)

Inhaltsübersicht

A. Allgemeine Begründung

I. Vorbemerkung

Die Bundesregierung hat sich zum Ziel gesetzt, den Kapitalmarkt und die internationale Wettbewerbsfähigkeit des Finanzplatzes Deutschland weiter zu stärken. Dazu gehören nicht nur praxisorientierte Rahmenbedingungen für einen innovativen und international wettbewerbsfähigen Finanzmarkt; eine entscheidende Rolle spielt auch das Vertrauen der Anleger in

---

* Vorläufiger Arbeitstitel.

die Kapitalmärkte. Unternehmenskrisen wegen Missmanagements und Unternehmenszusammenbrüche haben das Vertrauen der Anleger in die Integrität der Unternehmensführung und damit zugleich das Vertrauen in den Kapitalmarkt tief erschüttert.

Wiederherstellen lässt sich dieses Vertrauen nur durch mehr Transparenz auf dem Kapitalmarkt, Selbstregulierung der Marktteilnehmer und, wo dies nötig ist, verbesserte Kontrolle von Unternehmen, bis hin zur Übernahme persönlicher Verantwortung und angemessener Erweiterung der Haftung für geschädigte Anleger. Flankiert werden sollen diese Maßnahmen durch die Verbesserung der prozessualen Möglichkeiten der Anleger, ihre Ansprüche vor Gericht auch im Kollektiv geltend zu machen. Gerade durch die Stärkung des effektiven Rechtsschutzes des Einzelnen gegenüber Unternehmen wird auch für Effizienz des Kapitalmarkts und für das Vertrauen in sein von deliktischen Störungen weitgehend freies Funktionieren gesorgt.

Mit der Verbesserung der prozessualen Möglichkeiten der Anleger hat sich 2002 insbesondere der 64. Deutsche Juristentag zu Berlin auseinandergesetzt. Zur wirkungsvollen Durchsetzung der Anlegerrechte empfiehlt er die Einführung einer zivilprozessualen Anspruchsbündelung in Form einer bereichsspezifischen Gruppenklage.

Diese Empfehlung beruht auf der Feststellung, dass z. B. falsche Darstellungen gegenüber dem Kapitalmarkt in aller Regel Streuschäden mit vielen Geschädigten und vergleichsweise geringen Schadensersatzsummen verursachen. Die prozessuale Geltendmachung werde dem einzelnen Anleger durch den hohen, auch bei Obsiegen nicht erstattungsfähigen Privataufwand, und die hohen Prozessrisiken und -kosten, insbesondere Sachverständigenkosten, schwer gemacht. Dadurch drohe das kapitalmarktrechtliche Haftungsrecht seine Steuerungs- und Abschreckungsfunktion zu verlieren.

Zu einer ähnlichen Erkenntnis gelangt auch die unter Vorsitz von Prof. Dr. Dr. h.c. Baums geführte Regierungskommission „Corporate Governance" (Bericht der Regierungskommission, BT-Drs. 14/7515, Rz. 186 – 190). Diese verweist darauf, dass entwickelte Kapitalmärkte wie beispielsweise in den USA und Großbritannien, bei vorsätzlichen oder gravierenden leichtfertigen Anlegerschädigungen einen effektiven Vertretungsmechanismus kennen, bei dem die Geltendmachung weit gestreuter Einzelschäden gebündelt werden. Allerdings lehnt sie die Übernahme der US-amerikanischen Sammelklage ab.

Für die deutsche Rechtsordnung stellt sie vielmehr zur Diskussion, in Anlehnung an §§ 26, 206 UmwG sowie an das in § 308 a. F. UmwG geregelte Spruchverfahren prozessual flankierend ein Vertretermodell (Partei kraft Amtes für die geschädigten Anleger) zu institutionalisieren und durch diese Anspruchsbündelung bei einer Person eine wirksame Durchsetzung der Schadensersatzansprüche der geschädigten Anleger zu gewährleisten.

II. Bündelungsmöglichkeiten nach geltendem Recht – Defizite und Alternativen

Das deutsche Prozessrecht geht in seinem Grundverständnis von einem Zwei-Parteien-Prozess aus. Darüber hinaus kennt es aber auch eine Reihe von herkömmlichen Formen zur Bündelung von Verfahren. Diese unterscheiden sich von den kollektiven Rechtsschutzformen, wie beispielsweise der Verbands- und Gruppenklage, dadurch, dass alle Betroffenen Parteien des Rechtsstreits werden oder bleiben, wohingegen bei den kollektiven Rechtsschutzformen nur der Verband oder der Gruppenkläger als Partei auftritt.

1. Herkömmliche Bündelungsformen und Defizite

Zu den traditionellen Bündelungsformen in der Zivilprozessordnung gehört vor allem die Streitgenossenschaft. Eine Streitgenossenschaft nach §§ 59, 60 ZPO liegt vor, wenn in einem Verfahren auf der Kläger- oder der Beklagtenseite mehrere Parteien auftreten. Bei Streuschäden liegen grundsätzlich gleichartige Ansprüche vor, welche auf einem im Wesentlichen gleichartigen tatsächlichen und rechtlichen Grunde beruhen. Beispielsweise können die geschädigten Anleger bei Schadensersatzansprüchen auf Grund einer falschen Ad-hoc-Meldung gemeinschaftlich als Kläger auftreten. Insbesondere kann die Beweisaufnahme dann für alle verbundenen Verfahren einheitlich erfolgen. Für die Gerichts- und Rechtsanwaltskosten bedeutet dies gewisse Vorteile gegenüber Einzelklagen. Da die Streitgenossen in der Regel einen gemeinsamen Prozessbevollmächtigten haben, in Schriftsätzen und mündlichem Vortrag einheitlich handeln sowie eine gemeinsame Beweisaufnahme und eine einheitliche Beweiswürdigung durch das Gericht stattfindet, wird auch das Kostenrisiko der Kläger gegenüber selbständigen Einzelklagen erheblich verringert.

Freilich kommt die Streitgenossenschaft nur in Betracht, wenn sich die Geschädigten überhaupt zusammenfinden; dies setzt Information und Organisation voraus, so dass häufig nur Zufallsgemeinschaften entstehen. Angesichts einer großen Anzahl von Geschädigten dürfte es bei Streuschäden im Kapitalmarktbereich eher unwahrscheinlich sein, dass diese vor demselben Gericht klagen werden. Eine derartige Verfahrenkanalisation ließe sich im Bereich des

Kapitalmarktrechts nur mit einer Zuständigkeitskonzentration durch Festlegung ausschließlicher Gerichtsstände erreichen. Angesichts der Vergemeinschaftung der Gesetzgebungskompetenz für die justizielle Zusammenarbeit in Zivilsachen und der Verabschiedung der Verordnung (EG) Nr. 44/2001 des Rates vom 22. Dezember 2000 über die gerichtliche Zuständigkeit und die Anerkennung und Vollstreckung von Entscheidungen in Zivil- und Handelssachen (ABl. EG 2001 Nr. L 12 S. 1) kann der nationale Gesetzgeber nicht mehr uneingeschränkt örtliche Gerichtsstände schaffen.

Nach § 66 ZPO kann ein Dritter sich an einem Rechtsstreit zur Unterstützung einer Partei in jeder Lage des Rechtsstreits bis zur rechtskräftigen Entscheidung beteiligen. Voraussetzung der Nebenintervention ist nach § 66 Abs. 1 ZPO grundsätzlich das rechtliche Interesse eines Dritten daran, dass in einem zwischen anderen Personen anhängigen Rechtsstreit die eine Partei obsiege. Die Nebenintervention dürfte jedoch kaum zur Bewältigung von Massenverfahren geeignet sein. Im Zivilprozess ist eine Nebenintervention des Dritten, der sich in einer gleichen Rechtslage befindet, durch § 68 ZPO ausgeschlossen, soweit sich Erst- und Zweitverfahren gegen denselben Gegner richten.

Eine Bündelung von Einzelklagen, welche die mehrfache Verhandlung und Entscheidung über dieselben Rechts- und Tatsachenfragen verhindert, lässt sich über die Verfahrensverbindung nach § 147 ZPO erreichen. Sie dient dem Interesse an höherer Effizienz und einheitlichen Entscheidungen; zudem beinhaltet sie einen Kostenvorteil, da nicht über gleiche Fragen mehrfach verhandelt und Beweis erhoben werden muss. Die Verfahrensverbindung setzt jedoch voraus, dass mehrere Prozesse in gleicher Instanz bei demselben Gericht, nicht notwendig bei demselben Spruchkörper anhängig sind. Dadurch erfährt das Institut der Verfahrensverbindung eine deutliche Einschränkung, weil es nicht möglich ist, Rechtsstreite zum Zwecke der Verbindung von einem Gericht an ein anderes zu verweisen.

Die Verfahrensaussetzung nach § 148 ZPO ist ebenfalls ein Mittel zur Bündelung gleichgerichteter Interessen. Nach § 148 ZPO kann das Gericht ein Verfahren im Hinblick auf die Entscheidung einer vorgreiflichen Rechtsfrage, welche Gegenstand eines anderen anhängigen Rechtsstreits ist, aussetzen, um widersprechende Entscheidungen zu vermeiden. Nach dem klaren Wortlaut der Vorschrift knüpft die Verfahrensaussetzung an die Vorgreiflichkeit einer Rechtfrage an. Von Vorgreiflichkeit kann nur dann gesprochen werden, wenn die Entscheidung von einem Rechtsverhältnis abhängt, das im auszusetzenden Prozess Vorfrage ist und den Gegenstand des anderen anhängigen Prozesses bildet. Im Falle von Streuschäden liegen zwar auf Grund desselben Vorfalls gleichartige Ansprüche vor; jedoch fehlt es für eine Verfahrensaussetzung der anhängigen Prozesse auf einen Parallelprozess an der Vorgreiflichkeit einer Rechtsfrage.

Als weitere Bündelungsform zur vorprozessualen und gerichtlichen Durchsetzung der Ansprüche geschädigter Kapitalanleger kommen Interessengemeinschaften in Betracht. Die Durchsetzung von Individualansprüchen Aktionärsvereinigungen oder sonstigen Interessengemeinschaften durch Abtretung oder Einzugsermächtigung (§ 185 BGB) zu überlassen, begegnet nach dem Rechtsberatungsgesetz Bedenken. Die Abtretung der Ansprüche an eine Interessengemeinschaft verstößt gegen Artikel 1 § 1 Abs. 1 RBerG, da die Tätigkeit der Interessengemeinschaft nach Art und Umfang über ein Gelegenheitsgeschäft hinausgeht und damit als geschäftsmäßig im Sinne dieser Vorschrift angesehen wird. Ferner stellt eine Interessengemeinschaft auch keine berufsstandsähnliche Vereinigung nach Artikel 1 § 7 Satz 1 RBerG dar.

Die Führung von Musterverfahren dient ebenfalls der Anspruchs- und Interessenbündelung mehrerer geschädigter Kapitalanleger. Im Gegensatz zur Verwaltungsgerichtsordnung kennt die Zivilprozessordnung das Institut des Musterverfahrens nicht. Die fehlende gesetzliche Verankerung dieses Instituts in der Zivilprozessordnung erschwert die Führung von Musterverfahren nicht unerheblich. So wirkt ein Musterverfahren nur zwischen den Musterverfahrensparteien. Eine Erstreckung der Rechtskraft auf die erfassten Parallelfälle ist nach geltendem Prozessverständnis nicht möglich, weil den Parteien die Dispositionsbefugnis über die Rechtskraftwirkung des Urteils fehlt. Um dennoch für die Parallelfälle eine Bindungswirkung zu erreichen, bedarf es einer Musterverfahrensabrede zur Übertragung des Urteilsinhalts.

Die entscheidenden Nachteile des Musterverfahrens liegen jedoch darin, dass es häufig nicht gelingen wird, den Schädiger oder alle Geschädigten für eine solche Vereinbarung zu gewinnen. Gerade der Beklagte kann sich aus der Aufsplitterung in eine Vielzahl von Verfahren taktische Vorteile erhoffen. Eine weitere Schwierigkeit besteht in der drohenden Verjährung, da eine Verjährungshemmung nach § 204 Abs. 1 Nr. 1 BGB nur für den im Musterverfahren geltend gemachten Anspruch gilt, dagegen die Verantwortung für das Betreiben der Parallelverfahren nach § 204 Abs. 2 Satz 2 BGB bei den Klägern liegt. Diese Schwierigkeiten lassen sich letztlich nur durch ein sog. Stillhalteabkommen nach § 203 Satz 1 BGB befriedigend lösen.

Diese Nachteile ließen sich durch eine gesetzliche Verankerung des Musterverfahrens vermeiden. Die Verwaltungsgerichtsordnung kennt zur Bewältigung von Massenverfahren das Institut des Musterverfahrens in § 93a. Diese Vorschrift wurde zum 1. Januar 1991 in die Verwaltungsgerichtsordnung eingeführt und durch das 6. VwGO-Änderungsgesetz (BGBl. 1996 I S. 1626) novelliert. Sie findet immer dann Anwendung, wenn in mehr als 20 Verfahren über die Rechtmäßigkeit ein und derselben behördlichen Maßnahme entschieden wird. Das Gericht kann nach Anhörung der Beteiligten sämtlicher Verfahren eines oder mehrere geeignete Verfahren vorab als Musterverfahren durchführen und die übrigen aussetzen. Der Beschluss ist unanfechtbar. Eine vorbehaltslose Übertragung der Regelung des § 93a VwGO auf bürgerliche Rechtsstreitigkeiten begegnet Bedenken:

Im Verwaltungsgerichtsprozess gilt der Grundsatz der Amtsermittlung.
Dieser gewährleistet eine umfassende Aufklärung in den ausgewählten Musterverfahren, so dass die Übertragung der Ergebnisse des Musterverfahrens ohne weiteres auf die ausgesetzten Verfahren möglich ist. Im Zivilprozess obläge es auf Grund des Beibringungsgrundsatzes allein den Klägern des Musterverfahrens, umfassend vorzutragen und Beweis anzubieten.

Die Übertragung der Ergebnisse des Musterverfahrens auf die Parallelverfahren würde von den Klägern der ausgesetzten Rechtsstreite mit dem Hinweis der unzureichenden Aufklärung oder einer abweichenden Sachlage angegriffen und wäre unter dem Gesichtspunkt des rechtlichen Gehörs verfassungsrechtlich bedenklich.

Ferner ist die Interessenlage im Verwaltungsgerichtsprozess nicht mit der im Zivilprozess vergleichbar: während es bei der verwaltungsrechtlichen Anfechtungsklage um die für alle Kläger tatsächlich identische Frage der Rechtmäßigkeit eines Verwaltungsaktes geht, reduzieren sich die Gemeinsamkeiten bei einem Schadensersatzprozess im Zivilprozess schnell auf wenige Punkte. Wegen der Unterschiede im Schadensverlauf und in der Schadenshöhe können die Schadensersatzklagen als solche nicht in einem Musterverfahren entschieden werden. Vielmehr können bei schadensersatzrechtlichen Klagen im Zivilprozess nur einzelne gemeinsame Tatbestandsvoraussetzungen und -elemente festgestellt werden.

Darüber hinaus tragen die Kosten des Musterverfahrens im Verwaltungsgerichtsverfahren nur die Parteien dieses Verfahrens. Die Übertragung dieser an § 93a VwGO anknüpfenden Kostenregelung auf die Zivilprozessordnung erscheint bedenklich: Warum sollte bei einer von Amts wegen vorgenommenen Auswahl des Musterverfahrens nur der betroffene Musterkläger allein das Kosten- und Prozessrisiko tragen, wenngleich dem Verfahren Breitenwirkung für alle Betroffenen zukommen soll?

2. Alternativen in ausländischen Rechtsordnungen

Die aufgezeigten herkömmlichen Bündelungsformen des deutschen Zivilprozessrechts sind zur prozessualen Bewältigung von Streuschäden mit einer Vielzahl von Geschädigten kaum geeignet. Andere Länder wie beispielsweise die Vereinigten Staaten, Großbritannien, Japan, Österreich und die Schweiz haben schon seit längerem Gruppen- und Vertreterklagen eingeführt, um Streuschäden prozessual befriedigend zu bewältigen:

a) Die class action (Gruppenklage) in den Vereinigten Staaten

Die class action ist in Rule 23 Federal Rules of Civil Procedure geregelt. Nach dieser Vorschrift können eine oder mehrere zu einer beispielsweise durch ein Massenschadensereignis betroffenen und dadurch definierten Gruppe (class) gehörende Personen als Repräsentanten für die übrigen Gruppenmitglieder eine Klage erheben. Formelle Parteistellung erlangen nur die sog. Gruppenkläger (named plaintiffs). Die repräsentierten Gruppenmitglieder werden weder namentlich genannt noch müssen sie vor dem Gericht erscheinen. Ein Urteil oder ein Vergleich binden jedoch sowohl die named plaintiffs als auch die repräsentierten Gruppenmitglieder.

b) Group litigation im englischen Prozessrecht

Das englische Zivilverfahrensrecht kannte bis vor kurzem als kollektive Klageform nur die sog. representative action. Diese Klageform sieht in begrenztem Umfang die Befugnis der Prozessparteien vor, Klageansprüche auch für andere Personen geltend zu machen, die nicht Parteien des jeweiligen Verfahrens sind. Im Mai 2000 wurden zusätzlich zur repräsentative action Verfahrensregeln in Part 19 der Civil Procedure Rules über die sog. group litigation eingeführt. Nach diesen Verfahrensregeln wird auf Antrag oder von Amts wegen eine gemeinsame Verhandlung und Entscheidung gleichgelagerter Tatsachen- und Rechtsfragen ermöglicht. Organisatorisch knüpft die group litigation an ein Register beim Prozessgericht an, in das sämtliche Klagen einzutragen sind. Das Gericht bestimmt unter anderem, inwieweit über Streitpunkte gemeinsam oder getrennt verhandelt wird, ob einzelne Verfahren als Musterverfahren ausgewählt und wie die Verfahrenskosten zwischen den in das Register eingetragenen Kläger verteilt werden. Das durchgeführte Musterverfahren entfaltet Bindungswirkung für alle eingetragenen Ansprüche und gegenüber allen Beteiligten.

c) Die Gruppenklage im japanischen Prozessrecht

Die japanische Zivilprozessrechtsordnung, die infolge der Rezeption europäischen Rechts in Japan im Wesentlichen auf der deutschen Zivilprozessordnung basiert, kennt ebenfalls eine Rechtsschutzform zur Durchsetzung von Gruppeninteressen. Diese Rechtsschutzform, die der „bill of peace" der Equity-Klage des englischen Rechts nachgebildet ist, wurde mit dem ersten Änderungsgesetz zur japanischen Zivilprozessordnung im Jahre 1926 eingeführt: Nach § 47 Abs. 1 der japanischen Zivilprozessordnung (j-ZPO) können mehrere Personen mit gemeinsamen Interesse, sofern sie nicht eine Vereinigung im Sinne des § 46 j-ZPO bilden, eine oder mehrere Personen von ihnen bestellen, die als Kläger oder Beklagter für die Gesamtheit auftreten. Mit der Übertragung des Prozessführungsrechts auf einen Gruppenvertreter scheiden alle übrigen Personen kraft Gesetzes aus dem Prozess nach § 47 Abs. 2 j-ZPO aus. Das Urteil, das gegen die bestellte Partei gefällt wird, wirkt gemäß § 201 Abs. 2 j-ZPO auch gegenüber den anderen Personen.

d) Die besondere Vertreterklage in Österreich

Zur Bündelung der Interessen kennt das österreichische Recht die sog. Vertreterklage. Das sog. Kuratorengesetz vom 24. April 1874 (ÖRGBl. S. 95) regelt die Bestellung eines gemeinsamen Kurators für die Inhaber sog. Teilschuldverschreibungen, sofern deren Rechte mangels gemeinsamer Vertretung gefährdet oder dadurch die Ausübung der Rechte Dritter behindert würde. Der Kurator wird nach den allgemein zivilrechtlichen Bestimmungen über die Pflegschaft für Abwesende durch das Gericht eingesetzt. Er vertritt die Schuldverschreibungsgläubiger gerichtlich und außergerichtlich. Zwar steht dem einzelnen Schuldverschreibungsgläubiger nach § 9 Abs. 1 des Kuratorengesetzes ein eigenständiges Klagerecht nicht zu; jedoch kann jeder Schuldverschreibungsgläubiger einem vom Kurator geführten Prozess als streitgenössischer Nebenintervenient nach § 9 Abs. 2 des Kuratorengesetzes in Verbindung mit § 17 Abs. 2, § 20 der österreichischen Zivilprozessordnung beitreten.

e) Die besondere Vertreterklage in der Schweiz

Ähnlich wie die Vertreterklage im österreichischen Kuratorengesetz kennt das schweizerische Anlagefondsgesetz (AFG) eine echte Form der Gruppenklage. Gemäß Artikel 27 Abs. 2 AFG können die Anleger gegen die Fondsleitung, die Depotbank oder die für sie handelnden natürlichen oder juristischen Personen auf Erfüllung ihrer Pflichten und auf Haftung gegenüber

dem Fonds selbst klagen. Nach Artikel 28 Abs. 1 AFG kann der Richter einen Vertreter der Anleger ernennen, wenn Schadensersatzansprüche auf Leistung an den Anlagefonds glaubhaft gemacht werden. Zur Vermeidung paralleler Verfahren können einzelne Anleger nach Artikel 28 Abs. 4 AFG nicht mehr auf Leistung klagen, sobald der Vertreter Klage erhoben hat.

f) Übertragbarkeit der Vorbilder in das deutsche Prozessrechtssystem

Die Vorbilder der anderen Rechtsordnungen lassen sich in das deutsche Rechtssystem nicht vollständig übernehmen. Die automatische Rechtskrafterstreckung auf am Verfahren nicht beteiligte Dritte ist den individualistisch geprägten Rechtsschutzgrundsätzen des deutschen Verfassungs- und Prozessrechts fremd. Bei dem vorgeschlagenen Lösungskonzept wurden jedoch einzelne Gesichtspunkte, wie Einführung eines Klageregister und die Beiladung der Parteien zum Musterverfahren berücksichtigt.

III. Lösungskonzept

Der Gesetzentwurf schlägt zur Bündelung gleichgerichteter Interessen und Ansprüche geschädigter Kapitalanleger die Führung von Musterverfahren vor. Diese kollektive Rechtsschutzform soll ausschließlich auf die Geltendmachung kapitalmarktrechtlicher Schadensersatzansprüche beschränkt bleiben. Für die Beschränkung und für die rechtspolitische Notwendigkeit eines Musterverfahrens im Kapitalmarktbereich sprechen die folgenden Erwägungen:

Ordnungspolitische Gründe

Die Einführung des Musterverfahrens dient der Stärkung der zivil- und kapitalmarktrechtlichen Informations- und Prospekthaftung. Ein schlagkräftiges kollektives Rechtsverfolgungsinstrument soll Emittenten im Bereich des Kapitalmarktrechts verstärkt dazu veranlassen, die Publizitäts-, Vertriebs- oder sonstigen Verhaltensregeln einzuhalten. Die kollektive Rechtsschutzform in Gestalt eines Musterverfahrens verstärkt die staatliche Finanzmarktaufsicht als sog. zweite Spur. Den geschädigten Anlegern kommt dabei eine wesentliche Rolle bei der Durchsetzung des Marktordnungsrechts zu.

Effektiverer Rechtsschutz

Die prozessuale Bündelung gleichgerichteter Interessen in einem Musterverfahren dient der Verbesserung des Rechtsschutzes. Auf Grund der im Kapitalmarktbereich in der Regel hohen Rechtsverfolgungskosten besteht die Gefahr, dass der einzelne Anspruch gar nicht durchgesetzt werden kann oder seine Durchsetzung in keinem wirtschaftlichen Verhältnis zum Aufwand steht. Die Anspruchsbündelung hat den Vorteil kostengünstiger Prozessführung und effektiver Rechtsdurchsetzung: Der Gesetzentwurf schafft zum einen für den einzelnen Anleger den Anreiz, sich dem Musterverfahren durch Klageerhebung auch dann anzuschließen, wenn er wegen der hohen Prozessrisiken und -kosten den eigenen Anspruch im Einzelrechtsstreit gar nicht durchsetzen würde. Zum anderen soll mittels der Einführung eines Musterverfahrens, die Lenkungs- und Steuerungsfunktion des materiellen Haftungsrechts für Fälle der im Kapitalmarktbereich typischen sog. Streu- und Distanzschäden wiederhergestellt werden. Die prozessuale Anspruchsbündelung in Gestalt eines Musterverfahrens vermeidet darüber hinaus die Gefahr divergierender Entscheidungen der Gerichte zu ein und denselben Tatsachen- und Rechtsfragen. Dabei spielt eine Rolle, dass die Haftungsnormen gerade im Bereich des Kapitalmarktrechts auf besondere Weise typisiert und standardisiert sind. Den Prototyp einer standardisierten Haftung stellt die börsenrechtliche Prospekthaftung nach den §§ 44 ff. BörsG dar. Die Haftung beruht auf der Fehlerhaftigkeit des Börsenzulassungsprospekts. Die Frage, ob wesentliche Angaben fehlen, der Prospekt einen unzutreffenden Gesamteindruck vermittelt, die Mängel für eine bilanzkundigen Durchschnittsanleger nicht ersichtlichen waren, kann nur einheitlich für alle Anleger beantwortet werden und nicht nach den individuellen Verhältnissen jedes einzelnen Anlegers.

Justizentlastung

Die Einführung eines Musterverfahrens bringt ferner eine deutliche Entlastung für die Gerichte. Die Gerichte müssen bei Durchführung eines Musterverfahrens nicht mehr über eine Vielzahl gleichgelagerter, komplizierter Rechts- und Tatfragen in parallelen Rechtsstreiten entscheiden. Vielmehr befasst sich nur noch das Oberlandesgericht mit der vorgelegten Musterfrage und erledigt dadurch für alle bei den Prozessgerichten anhängigen Rechtsstreiten die gleichen Sach- und Rechtsfragen.

Ferner wird die in der Gerichtspraxis für den Kapitalmarktbereich häufig schwierige Gewinnung von geeigneten Sachverständigen erleichtert, da nur ein inziger Sachverständiger eingeschaltet werden muss, während ohne die Kollektivierung in einem Musterverfahren in mehreren Rechtsstreiten bei verschiedenen Gerichten eine Vielzahl von Sachverständigen Gutachten zu erstellen hätten. Die Einführung eines Musterverfahrens führt daher zu einem ressourcenschonenden Personaleinsatz von Sachverständigen und steigert die Effizienz der Justiz.

Standortfrage

Schließlich ist die Einführung eines Musterverfahrens im Bereich des Kapitalmarktrechts eine Standortfrage des „Börsen- und Justizplatzes Deutschland". Bei der Standortfrage geht es um die Konkurrenz zwischen verschiedenen Gerichtsplätzen in Europa und anderen Staaten; durch die Einführung eines kollektiven Rechtsinstruments wird das deutsche Prozessrecht modernisiert; das Musterverfahren soll letztlich die Anleger veranlassen, vor deutschen Gerichten zu klagen und nicht im Wege des forum shoppings auf andere Staaten auszuweichen. Darüber hinaus trägt die Einführung eines kollektiven Rechtsverfolgungsinstruments auch dem berechtigten staatlichen Interesse Rechnung, deutsche Kapitalmärkte durch die inländische Justiz zu kontrollieren und eine extraterritorial ausgreifende Gesetzgebung anderer Staaten zu verhindern. Aus der Sicht deutscher Emittenten schafft das Musterverfahren die Möglichkeit, auf ausländischen Kapitalmarktplätzen auf geeignete kollektive Rechtsschutzmöglichkeiten in Deutschland zu verweisen und dadurch eine Kanalisierung von Rechtsstreiten im Inland bewirken zu können.

Um zu ermöglichen, gleichgerichtete Interessen mehrerer Kläger gegen einen Beklagten prozessual in einem Verfahren zu bündeln, schlägt der Gesetzentwurf die Einführung eines ausschließlichen Gerichtsstands bei falschen öffentlichen Kapitalmarktinformationen am Sitz des Emittenten sowie die gesetzliche Verankerung des Musterverfahrens in einem eigenständigen Gesetz vor:

1. Ausschließlicher Gerichtsstand

Der Gesetzentwurf sieht eine örtliche ausschließliche Zuständigkeit bei Klagen gegen inländische Emittenten vor, mit denen der Ersatz eines auf Grund falscher oder irreführender öffentlicher Kapitalmarktinformationen verursachten Schadens geltend gemacht wird (§ 32b ZPO-E). Zuständig ist das Gericht, in dessen Bezirk der betroffene Emittent seinen Sitz hat. Im Anwendungsbereich der Verordnung (EG) Nr. 44/2001 des Rates vom 22. Dezember 2000 über die gerichtliche Zuständigkeit und die Anerkennung und Vollstreckung von Entscheidungen in Zivil- und Handelssachen (ABl. EG 2001 Nr. L 12 S. 1) kommt gegenüber ausländischen Emittenten vorrangig deren Artikel 5 Nr. 3 (Gerichtsstand der unerlaubten Handlung) zur Anwendung, der die örtliche Zuständigkeit mit regelt und die Inanspruchnahme deutscher Gerichte begründen kann.

2. Ausgestaltung des Musterverfahrens

Ziel des Musterverfahrens ist es, für eine Mehrheit von Klägern einheitlich das Vorliegen einer in mehreren Prozessen strittigen Anspruchsvoraussetzung in sachlicher wie rechtlicher Hinsicht festzustellen. Bei der Ausgestaltung des Musterverfahrens nimmt der Gesetzentwurf dabei weder die US-amerikanische class action noch die representative action im englischen Zivilverfahrensrecht zum Vorbild. Eine automatische Rechtskrafterstreckung auf am Verfahren nicht beteiligte Dritte würde den individualistisch geprägten Rechtsschutzgrundsätzen des deutschen Verfassungs- und Prozessrechts zuwiderlaufen. Der Gesetzentwurf wählt vielmehr einen Mittelweg: Die Bindungswirkung der im Musterverfahren getroffenen Entscheidung wird nur auf anhängige Parallelprozesse erstreckt. Dabei wird die Bindungswirkung nicht durch eine Rechtskrafterstreckung des Musterverfahrens auf die Parallelprozesse erzielt. Vielmehr ähnelt die vorgeschlagene Bindung der Streitverkündungs- bzw. Interventionswirkung nach §§ 74 Abs. 3, 68 ZPO: Im Hinblick auf den tatsächlichen Vortrag und damit verbundene Subsumtionsschlüsse im Musterverfahren tritt eine Bindung für die Parallelprozesse ein. Die intendierte Bindungswirkung auf die Parallelprozesse stellt dabei eine zulässige Modifikation des individuellen Anspruchs auf ein gerichtliches Verfahren dar. Denn die Betroffenen der Parallelprozesse haben über ihre Stellung als Beigeladene im Musterverfahren die Möglichkeit, Angriffs- und Verteidigungsmittel vorzubringen und dadurch den Verlauf des Verfahrens zu beeinflussen.

Die rechtliche Ausgestaltung des Musterverfahrens lässt sich folgendermaßen skizzieren:

Musterfeststellungsantrag

Das Musterverfahren kann nur auf Antrag der Parteien eines Rechtsstreits, nicht von Amts wegen (§ 1 KapMuG-E) eingeleitet werden. Ziel des Musterfeststellungsantrags ist es, eine in verschiedenen Prozessen zu klärendende Musterfrage einheitlich mit Breitenwirkung feststellen zu lassen. Gegenstand der Feststellung können einzelne Elemente oder Vorfragen eines Rechtsverhältnisses oder einer Anspruchsgrundlage sein. Der Musterfeststellungsantrag ist nur in einem Schadensersatzprozess auf Grund falscher oder irreführender öffentlicher Kapitalmarktinformationen statthaft. Zudem muss der Antragsteller glaubhaft machen (§ 294 ZPO), dass der richterlichen Feststellung der zu klärenden Musterfrage Bedeutung über den einzelnen Rechtsstreit hinaus für andere gleichgelagerte Rechtsstreite zukommen kann.

Bekanntmachung des Musterfeststellungsantrags im Klageregister des elektronischen Bundesanzeigers

Die Durchführung eines Musterverfahrens setzt neben dem gestellten Musterfeststellungsantrag weitere 10 gleichgerichtete Musterfeststellungsanträge voraus. Zulässige Musterfeststellungsanträge werden in einem neu eingerichteten Klageregister des elektronischen Bundesanzeigers bekannt gemacht. Ziel der Bekanntmachung ist es, die potentiell geschädigten Anleger ber die Rechtshängigkeit eines Rechtsstreits zu informieren und ihr Interesse zu wecken, sich an dem beabsichtigten Musterverfahren zu beteiligen.

Das Klageregister stellt daher ein modernes Kommunikationsmedium dar, um eine Bündelung von Ansprüchen geschädigter Anleger für die Durchführung eines Musterverfahrens zu erreichen. Da der ausschließliche Gerichtsstand bei falschen oder irreführenden öffentlichen Kapitalmarktinformationen (§ 32b ZPO-E) nur auf inländische Emittenten beschränkt ist, ist bei der Vergemeinschaftung der gerichtlichen Zuständigkeit im Binnenmarkt kaum zu gewährleisten, dass sich verschiedene Kläger – unabhängig voneinander – quasi zwangsläufig bei einem Gericht treffen. Soweit ein ausländischer Emittent nach Artikel 5 Nr. 3 derVerordnung (EG) des Rates Nr. 44/2001 in Deutschland vor verschiedenen Gerichten auf Schadensersatz in Anspruch genommen wird, trägt das Klageregister dazu bei, dass die bei verschiedenen Gerichten gestellten Musterfeststellungsanträge für die Durchführung eines Musterverfahrens zahlenmäßig berücksichtigt werden können.

Vorlageverfahren an das Oberlandesgericht

Das Prozessgericht holt einen Musterentscheid bei dem im Rechtszuge übergeordneten Oberlandesgericht unter zwei Voraussetzungen ein (§ 4 Abs. 1 KapMuG-E):

Zum einen muss in dem Rechtsstreit vor dem Prozessgericht der zeitlich erste Musterfeststellungsantrag, sei es durch den Kläger oder sei es durch die Beklagte, gestellt worden sein. Zum anderen müssen innerhalb einer Frist von vier Monaten nach der Bekanntmachung des zeitlichen ersten Musterfeststellungsantrags in mindestens zehn weiteren Rechtsstreiten vor demselben oder anderen Gerichten gleichgerichtete Musterfeststellungsanträge gestellt worden sein. Die zeitliche Reihenfolge der bei den Prozessgerichten gestellten Musterfeststellungsanträge beurteilt sich ausschließlich nach der Bekanntmachung im Klageregister. Mit Hilfe der

Bekanntmachung der Musterfeststellungsanträge im Klageregister lässt sich auch bestimmen, welches Prozessgericht zur Vorlage an das Oberlandesgericht verpflichtet ist, wenn die Anträge bei verschiedenen Gerichten gestellt wurden.

Musterverfahren und Musterentscheid

Nach Anhängigkeit des Musterverfahrens beim Oberlandesgerichts setzen die Prozessgerichte die bei ihnen rechtshängigen Rechtsstreite aus. Mit der Aussetzung soll für alle Rechtsstreite eine einheitliche Entscheidung erreicht werden. Zur Durchführung des Musterverfahrens bestimmt das Oberlandesgericht einen Musterkläger von Amts wegen; die übrigen Kläger werden zu dem Musterverfahren beigeladen (§ 7 KapMuG-E). Bei Entscheidungsreife entscheidet das Oberlandesgericht über die Musterfrage, d. h. die auf Antrag festzustellende Anspruchsvoraussetzung, durch Musterentscheid (§ 11 KapMuG-E). Der Musterentscheid ergeht durch Beschluss. Gegen den Musterentscheid steht dem Musterkläger, den Beigeladenen sowie dem Musterbeklagten die Rechtsbeschwerde zu (§ 12 Kap- MuG-E). Der rechtskräftige Musterentscheid bindet die Prozessgerichte sowie im Umfang seines Feststellungsziels auch die Beigeladenen und den Musterbeklagten (§ 13 KapMuG-E).

Die Bestimmung des Oberlandesgerichts zur Verhandlung und Entscheidung des Musterverfahrens in erster Instanz (§ 119a GVG-E) findet seine Berechtigung zum einen darin, dass die Erfahrung und die zu erwartende Spezialisierung der Senate am Oberlandesgericht eine hohe Richtigkeitsgewähr der getroffenen Entscheidung gewährleistet. Zum anderen spricht für die erstinstanzliche Zuständigkeit der Oberlandesgerichte die Tatsache, dass der Musterentscheid verschiedene Prozessgerichte bindet, wenn gegen einen ausländischen Emittenten an den jeweiligen deutschen Prozessgerichten Musterfeststellungsanträge gestellt wurden. Insofern lehnt sich die vorgeschlagene Entscheidungszuständigkeit und die vertikale Bindungswirkung an das Modell des früheren Rechtsentscheids in Mietsachen (§ 541 a. F. ZPO) an.

Sinn und Zweck der Beiladung

Der Gesetzentwurf sieht vor, dass die Kläger der ausgesetzten Verfahren zu dem Musterverfahren beigeladen werden. Die VwGO kennt das Institut der Beiladung in § 65, der ZPO ist es auch nicht fremd, wie beispielsweise die § 640e Abs. 1 Satz 1 sowie § 856 Abs. 3 zeigen. Mit der Beiladung zum Musterverfahren soll dem verfassungsrechtlich garantierten Anspruch auf Rechtsschutz Rechnung getragen. Die Beigeladenen können auf diese Weise nicht nur Einfluss auf die rechtliche Würdigung des Richters nehmen, indem sie sich mit dem anzuwendenden Rechtsvorschriften auseinandersetzen und dem Richter ihre Rechtsmeinung unterbreiten. Sie können vor allem auf die Sammlung des Tatsachenstoffs hinwirken, der Grundlage für die richterliche Entscheidung ist.

Die Rechtsstellung der Beigeladenen lehnt sich anders als das österreichische Kuratorengesetz nicht an die Rechtsfigur des streitgenössischen Nebenintervenienten, sondern an diejenige des einfachen Nebenintervenienten an. Der Beigeladene ist daher nur Nebenpartei und bleibt Dritter im Musterverfahren. Mit der Beiladungswirkung nach § 13 Abs. 2 KapMuG-E soll vermieden werden, dass die Beigeladenen nach rechtskräftigem Abschluss des Musterverfahrens die tatsächlichen und rechtlichen Grundlagen des Musterentscheids im Verhältnis zur Beklagten wieder in Frage stellen können.

Soweit jedoch der Beigeladene keinen Einfluss auf die Entscheidung im Musterverfahren nehmen konnte, greift die Bindungswirkung aus Gründen des rechtlichen Gehörs nicht ein.

Beitritt im Rechtsbeschwerdeverfahren

Im Rechtsbeschwerdeverfahren sieht der Gesetzentwurf die Besonderheit vor, dass die Beigeladenen, soweit sie nicht selbst Rechtsbeschwerde einlegen, dem Rechtsbeschwerdeverfahren beitreten können. Mit dem zusätzlichen Beitrittserfordernis soll dem Umstand Rechnung getragen werden, dass ein Beigeladener frei darüber disponieren können soll, ob er gegen einen negativ feststellenden Musterentscheid Rechtsmittel einlegen will oder nicht. Unabhängig davon, ob der Beigeladene aktiv durch Beitritt oder eigene Rechtsbeschwerde am Rechtsbeschwerdeverfahren teilnimmt, wirkt die Entscheidung des Rechtsbeschwerdegerichts für und gegen ihn (§ 13 Abs. 3 KapMuG-E). Für die Kosten des Rechtsbeschwerdeverfahren haften bei einem Unterliegen des Musterklägers jedoch nur die Beigeladenen, die dem Rechtsbeschwerdeverfahren beigetreten sind oder zusätzlich eine eigene Rechtsbeschwerde eingelegt haben.

Kosten des Musterverfahrens

Der Gesetzentwurf sieht eine Kostenregelung vor, die das Prozesskostenrisiko der geschädigten Kapitalanleger minimiert und dadurch entscheidend zur Attraktivität des Musterverfahrens beiträgt. So entstehen im erstinstanzlichen Musterverfahren keine zusätzlichen Gerichts- oder Rechtsanwaltsgebühren.

Die im Verfahren vor dem Oberlandesgericht anfallenden Auslagen, hierzu zählt insbesondere die Sachverständigenvergütung, werden im Verhältnis der geltend gemachten Forderungen auf die einzelnen Prozessverfahren verteilt. Das Rechtsbeschwerdeverfahren wird kostenrechtlich der Revision gleichgestellt. Eine Haftung des Beigeladenen für diese Kosten kommt nur dann in Betracht, wenn er aktiv am Rechtsbeschwerdeverfahren teilnimmt. Zur Beschleunigung des Verfahrens und zur Vereinfachung der Kosteneinziehung und -ausgleichung sieht der Gesetzentwurf vor, dass im Musterverfahren keine Gerichtskostenvorschüsse erhoben werden.

IV. Gesetzgebungskompetenz

Die Gesetzgebungskompetenz für die Regelungen des Entwurfs ergibt sich aus Artikel 74 Abs. 1 Nr. 1 GG (gerichtliches Verfahren und Gerichtsverfassung) sowie Artikel 74 Abs. 1 Nr. 11 GG (Recht der Wirtschaft). Das Bedürfnis nach bundesgesetzlicher Regelung ist insbesondere deshalb gegeben, weil die Einführung einer kollektiven Rechtsschutzform in Gestalt des Musterverfahrens zur Wahrung der Rechts- und Wirtschaftseinheit nur durch bundesgesetzliche Regelung erfolgen kann. Im Zuge der Einführung des Musterverfahrens ist auch eine Aufhebung der Vorschriften im Börsengesetz und Verkaufsprospektgesetz über die gerichtliche Zuständigkeit erforderlich. Insofern ist auch das Börsenwesen und der Handel im Sinne des Artikel 74 Abs. 1 Nr. 11 GG betroffen.

V. Kosten der öffentlichen Haushalte

Durch die Einführung der kollektiven Rechtsschutzform in Gestalt des Musterverfahrens werden die Haushalte der Länder nicht zusätzlich belastet. Es wird davon ausgegangen, dass durch die Einführung des Musterverfahrens eine arbeitsmäßige Mehrbelastung bei den Oberlandesgerichten eintreten, diese Mehrbelastung jedoch durch eine stärkere Entlastung der Landgerichte infolge der Verfahrensaussetzung auf das Musterverfahren kompensiert wird. Bei einer Gesamtschau aller Faktoren wird die Durchführung von Musterverfahren eine Entlastung der Landgerichte insoweit bewirken, als aufgrund des Musterentscheid sich die bei den Prozessgerichten anhängigen Verfahren zügiger erledigen lassen werden. Das Musterverfahren wird daher zu einem ressourcenschonenden Personaleinsatz führen und eine Effizienzsteigerung in der Justiz bewirken.

B. Entwurfstext mit Begründung

Abschnitt 1: Musterfeststellungsantrag; Vorlageverfahren

Begründung

Im ersten Abschnitt des KapMuG-E werden die Voraussetzungen zur Durchführung eines Musterverfahrens geregelt. Das Musterverfahren kann nur auf Antrag der Parteien eines Rechtsstreits, nicht von Amts wegen (§ 1 KapMuG-E) eingeleitet werden. Zulässige Anträge werden vom Prozessgericht im Klageregister des elektronischen Bundesanzeigers bekannt gemacht (§ 2 KapMuG-E). Wurden mehr als 10 gleichgerichtete Musterfeststellungsanträge in verschiedenen Rechtsstreiten zur Klärung derselben Musterfrage erhoben, holt das Prozessgericht eine Musterentscheidung des im Rechtszuges übergeordneten Oberlandesgerichts ein (§ 4 KapMuG-E).

§ 1
Musterfeststellungsantrag

(1) Durch Musterfeststellungsantrag kann in einem Rechtsstreit, der einen Schadensersatzanspruch wegen falscher oder irreführender öffentlicher Kapitalmarktinformationen zum Gegenstand hat, die Feststellung einer schadensersatzbegründenden Anspruchsvoraussetzung begehrt werden, wenn die Entscheidung des Rechtsstreits von deren Vorliegen oder Nichtvorliegen abhängt. Der Musterfeststellungsantrag kann vom Kläger und vom Beklagten gestellt werden. Öffentliche Kapitalmarktinformationen sind insbesondere

1. Börsenprospekte,
2. Angaben in Unternehmensberichten im Sinne des § 55 des Börsengesetzes,
3. Verkaufsprospekte nach dem Verkaufsprospektgesetz sowie dem Investmentgesetz,
4. Mitteilungen kursbeeinflussender Tatsachen im Sinne des § 15 des Wertpapierhandelsgesetzes,
5. Darstellungen, Übersichten, Vorträge und Auskünfte über die Verhältnisse der Gesellschaft einschließlich ihrer Beziehungen zu verbundenen Unternehmen im Sinne des § 400 Abs. 1 Nr. 1 des Aktiengesetzes, und
6. Darstellungen im Sinne des § 331 Nr. 1 bis 3 des Handelsgesetzbuchs.

(2) Der Musterfeststellungsantrag ist bei dem Prozessgericht zu stellen; er kann vor der Geschäftsstelle zu Protokoll erklärt werden. Der Antragsteller hat die festzustellende Anspruchsvoraussetzung unter Angabe der Beweismittel konkret zu bezeichnen und glaubhaft zu machen, dass der richterlichen Feststellung dieser Anspruchsvoraussetzung Bedeutung über den einzelnen Rechtsstreit hinaus für andere gleichgelagerte Rechtsstreite zukommen kann. Dem Musterfeststellungsantrag soll eine Abschrift der Klageschrift des Rechtsstreits beigefügt werden. Dem Antragsgegner ist Gelegenheit zur Stellungnahme zu geben.

(3) Das Prozessgericht weist einen Musterfeststellungsantrag ab, wenn er zum wiederholten Mal zum Zwecke der Prozessverschleppung gestellt wurde, das bezeichnete Beweismittel völlig ungeeignet erscheint oder der Antragsteller die Bedeutung der richterlichen Feststellung des Umstandes über den einzelnen Rechtsstreit hinaus für andere gleichgelagerte Rechtsstreite nicht glaubhaft machen kann.

Begründung

Die Vorschrift regelt die Voraussetzungen eines Musterfeststellungsantrags. Nach **Absatz 1 Satz 1** kann in einem Schadensersatzprozess auf Grund falscher oder irreführender öffentlicher Kapitalmarktinformationen auf Antrag die Feststellung einer schadensersatzbegründenden Anspruchsvoraussetzung begehrt werden, wenn die Entscheidung des Rechtsstreits hiervon abhängt. Der Musterfeststellungsantrag kann nur in einem Leistungsprozess gestellt werden; eine Reihe von Vorschriften, wie z. B. § 2 Abs. 1 Satz 2 Nr. 6 sowie § 7 Abs. 2 Satz 2 Nr. 2 KapMuG-E, knüpfen nämlich an die Höhe des jeweils geltend gemachten Schadens an, deren Voraussetzung bei Zulassung von Musterfeststellungsanträgen bei Feststellungsklagen nach § 256 Abs. 1 ZPO schwierig zu ermitteln wären.

Ziel des Musterfeststellungsantrags ist es, eine in verschiedenen Prozessen zu klärendende Musterfrage einheitlich mit Breitenwirkung feststellen zu lassen. Im Gegensatz zum Anwendungsbereich des § 256 ZPO können daher einzelne Elemente oder Vorfragen eines Rechtsverhältnisses oder einer Anspruchsgrundlage, z. B. die Richtigkeit einer Ad-hoc-Meldung, die Pflichtverletzung sowie hierauf bezogene Rechtsfragen Gegenstand der Feststellung sein. Nicht feststellungsfähig sind mittels des Musterfeststellungsantrag dagegen der individuelle Schaden eines Klägers sowie die haftungsausfüllende Kausalität. Der Musterfeststellungsantrag kann sowohl auf Feststellung einer Anspruchsvoraussetzung als auf Feststellung des kontradiktorischen Gegenteils gerichtet werden. Er kann nach **Satz 2** sowohl von dem Kläger als auch der Beklagten gestellt werden.

Satz 3 umschreibt in einem nicht abschließenden Katalog den Begriff der öffentlichen Kapitalmarktinformation. Zu diesen Kapitalmarktinformationen gehören insbesondere die Emissionsprospekte (**Nummer 1 und Nummer 3**). In der Vergangenheit ist es nach vielen Emissionen zu Rechtsstreiten über die Haftung bei fehlerhaften Angaben in Prospekten gekommen.

Solche Rechtsstreite bieten sich in besonderer Weise für ein Musterverfahren an, weil durch fehlerhafte Prospekte eine Vielzahl von Anlegern in gleicher Weise betroffen ist. Ebenso einbezogen sind fehlerhafte Angaben in den vergleichbaren Unternehmensberichten im Sinne des § 55 des Börsengesetzes (**Nummer 2**).

Anlass zu gerichtlichen Verfahren haben in den letzten Jahren fehlerhafte Ad-hoc-Meldungen gegeben. Gerade diese finden in breiteren Anlegerkreisen Beachtung und lösen nicht selten Investitionsentscheidungen der Anleger aus. Auch sie stellen öffentliche Kapitalmarktinformationen dar (**Nummer 4**).

Vom Kapitalmarkt wahrgenommen werden aber nicht nur kapitalmarktbezogene Veröffentlichungen. Einbezogen werden daher insbesondere auch die Fälle, in denen die Hauptversammlung als Teilbereich der Öffentlichkeit falsch informiert wird (**Nummer 5**).

Solche Informationen können nicht nur die Teilnehmer der Hauptversammlung schädigen, da auf der Hauptversammlung gegebene Informationen in der Regel schnell Verbreitung finden. Ausgenommen sind aber Informationen gegenüber Prüfern (vgl. § 400 Abs. 1 Nr. 2 AktG), weil hier keine Öffentlichkeit hergestellt wird. Breite öffentliche Wahrnehmung erfährt dagegen – nicht zuletzt seit den zahlreichen Bilanzskandalen der letzten Jahre – die Rechnungslegung der Emittenten. Auch diese stellt eine öffentliche Kapitalmarktinformation dar (**Nummer 6**).

Der Katalog in **Satz 3** ist nicht abschließend. Angesichts der Schnelllebigkeit des Kapitalmarktes sowie des stetigen Fortschrittes in der Kommunikations- und Informationstechnologie ist nicht auszuschließen, dass auch andere als die bisher bekannten Informationsformen Bedeutung erlangen werden. Auch solche neuen Formen der Kapitalmarktinformation sollen einbezogen werden, sofern sie öffentlich sind, d. h. an eine breite Öffentlichkeit gerichtet wurden.

Nach **Absatz 2 Satz 1** kann der Musterfeststellungsantrag sowohl bei dem Prozessgericht gestellt als auch vor dessen Geschäftsstelle zu Protokoll erklärt werden. Der Antragsteller hat die festzustellende Musterfrage, d. h. die schadensersatzbegründende Anspruchsvoraussetzung, klar im Musterfeststellungsantrag zu bezeichnen (**Satz 2**).

Darüber hinaus muss er glaubhaft machen, dass die Klärung der Musterfrage in tatsächlicher oder rechtlicher Hinsicht auf andere Rechtsstreite eine Art „Breitenwirkung“ zu entfalten vermag. Dabei soll es auf der einen Seite ausreichen, dass auf Grund der falschen öffentlichen Kapitalmarktinformation eine Vielzahl von anderen Anleger betroffen und möglicherweise geschädigt sind. Auf die Anhängigkeit weiterer Verfahren vor demselben Prozessgericht oder anderen Gerichten kommt es also im Zeitpunkt der Antragstellung nicht an. Auf der anderen Seite bedeutet die Einführung des Musterverfahrens nicht, dass einem Musterfeststellungsantrag stattgegeben werden müsste, wenn die Klage bereits aus anderen Gründen abweisungsreif ist. In solchen Fällen hängt der Rechtsstreit nicht von der Musterfrage, d. h. dem Vorliegen oder Nichtvorliegen der festzustellenden Anspruchsvoraussetzung. Nach **Satz 3** soll dem Musterfeststellungsantrag eine Abschrift der Klageschrift des Rechtsstreits beigefügt werden. Das Doppel der Klageschrift dient letztlich für den Fall, dass das Prozessgericht die Musterfrage dem im Rechtszug übergeordneten Oberlandesgericht zur Entscheidung vorlegt.

Absatz 3 stellt klar, dass das Prozessgericht erneut gestellte Musterfeststellungsanträge, bei denen der Verdacht der Prozessverschleppung besteht, sofort abweisen darf. Ebenso weist das Prozessgericht einen Musterfeststellungsantrag ab, wenn das bezeichnete Beweismittel zum Nachweis der strittigen Anspruchsvoraussetzung völlig ungeeignet erscheint oder der Antragsteller nicht glaubhaft machen kann, dass der Klärung der Musterfrage durch einen Musterentscheid nicht über den einzelnen Rechtsstreit hinaus Bedeutung für andere gleichgelagerte Verfahren zukommen kann.
Der Sonderregelung in Absatz 3 liegt die Erwägung zugrunde, dass unzulässige Musterfeststellungsanträge nicht im Klageregister des elektronischen Bundesanzeigers (§ 2 KapMuG-E) bekannt gemacht werden.

§ 2
Bekanntmachung im Klageregister

(1) Einen zulässigen Musterfeststellungsantrag macht das Prozessgericht im Klageregister des elektronischen Bundesanzeigers (Klageregister) bekannt. Die Bekanntmachung enthält nur folgende Angaben:

1. **den Namen des Antragstellers und des Antragsgegners,**
2. **die Anschrift des Beklagten,**
3. **das Feststellungsziel des Musterfeststellungsantrags,**
4. **den Tag der Bekanntmachung,**
5. **das Prozessgericht, und**
6. **die Höhe des im Schadensersatzprozess geltend gemachten Anspruchs. Gleichgerichtete Musterfeststellungsanträge werden in einer Tabelle des Klageregisters in Reihenfolge ihres Eingangs, bei gleichzeitigem Eingang in alphabetischer Reihenfolge der Antragsteller eingetragen.**

(2) Die Einsicht in das Klageregister steht jedem unentgeltlich zu.

(3) Das Prozessgericht trägt die datenschutzrechtliche Verantwortung für die von ihm im Klageregister bekannt gemachten Daten, insbesondere für die Rechtmäßigkeit ihrer Erhebung, die Zulässigkeit ihrer Veröffentlichung und die Richtigkeit der Daten.

(4) Das Bundesministerium der Justiz erstellt im Einvernehmen mit dem Bundesamt für Sicherheit in der Informationstechnik ein Sicherheitskonzept für Bekanntmachungen im Klageregister, das insbesondere die nach § 9 des Bundesdatenschutzgesetzes erforderlichen technischen und organisatorischen Maßnahmen umfasst. Das Sicherheitskonzept ist im Falle sicherheitserheblicher Änderungen, spätestens jedoch alle drei Jahre im Einvernehmen mit dem Bundesamt für Sicherheit in der Informationstechnik zu aktualisieren.

(5) Die im Klageregister gespeicherten Daten sind nach Abweisung des Musterfeststellungsantrags, anderenfalls nach rechtskräftigem Abschluss des Musterverfahrens zu löschen.

(6) Das Bundesministerium der Justiz wird ermächtigt, durch Rechtsverordnung die äußere Gestaltung des Klageregisters und weitere Einzelheiten der Bekanntmachung zu regeln. Insbesondere sind die Einsichtnahme in das Klageregister zu regeln, Löschungsfristen vorzusehen sowie Vorschriften, die sicherstellen, dass die Bekanntmachungen

1. **unversehrt, vollständig und aktuell bleiben,**
2. **jederzeit ihrem Ursprung nach zugeordnet werden können,**
3. **nach dem Stand der Technik durch Dritte nicht kopiert werden können.**

Begründung

Absatz 1 Satz 1 sieht vor, dass ein zulässiger Musterfeststellungsantrag im Klageregister des elektronischen Bundesanzeigers bekannt gemacht wird. Ein Musterfeststellungsantrag ist nicht bekannt zu machen, wenn er vom Prozessgericht nach § 1 Abs. 3 KapMuG-E abzuweisen ist.

Satz 2 regelt abschließend die im Klageregister bekannt zu machenden Angaben. Satz 3 sieht vor, dass gleichgerichtete Musterfeststellungsanträge in eine Tabelle des Klageregister eingetragen werden. Gemäß § 4 Abs. 1 Satz 1 KapMuG-E bestimmt sich die Gleichgerichtetheit der Musterfeststellungsanträge nach der Identität des Feststellungsziels des Musterfeststellungsantrags und der Identität des dem Musterfeststellungsantrag zugrunde liegenden Schadensereignisses. Das Prozessgericht hat vor der Bekanntmachung zu prüfen, ob ein gestellter Musterfeststellungsantrag in eine bereits existente Tabelle mit gleichgerichteten Anträgen einzutragen ist oder nicht. Satz 3 bestimmt zudem als Handlungsanweisung für den elektronischen Bundesanzeiger, dass gleichgerichtete Musterfeststellungsanträge in Reihe ihres Eingangs, bei gleichzeitigem Eingang in alphabetischer Reihenfolge der Antragsteller in die Tabelle einzutragen sind.

Absatz 2 regelt das Einsichtsrecht in das Klageregister. Nicht nur den Prozessgerichten, dem Antragsteller und Antragsgegner soll Einsicht gewährt werden, sondern auch Personen, die sich überlegen, eine Klage gegen die Beklagte zu erheben und angesichts der hohen Prozesskosten und –risiken ihre Entscheidung vom Zustandekommen eines Musterverfahrens abhängig machen wollen. Das Klageregister stellt somit ein Kommunikationsmedium dar, um eine Bündelung von Ansprüchen geschädigter Anleger für die Durchführung eines Musterverfahrens zu erreichen. Die Einsichtnahme in das Klageregister steht jedem unentgeltlich zu.

Absatz 3 Satz 1 regelt die datenschutzrechtliche Verantwortung für den Inhalt des Klageregisters. Die Vorschrift trägt der besonderen Situation Rechnung, dass der Herausgeber des elektronischen Bundesanzeigers nach den allgemeinen Grundsätzen (§ 3 Abs. 7 BDSG) die für die Verarbeitung der im elektronischen Bundesanzeiger zur Nutzung bereitgehaltenen Daten verantwortliche Stelle ist, aber die Daten nur für die Prozessgerichte und nach deren Weisung verarbeitet. Der Herausgeber des elektronischen Bundesanzeigers kann naturgemäß nicht die Verantwortung für die Rechtmäßigkeit der Erhebung der von den Prozessgerichten angelieferten Daten, die Zulässigkeit ihrer Veröffentlichung und die Richtigkeit der Daten tragen.

Absatz 3 bestimmt deshalb, dass das jeweilige Prozessgericht die datenschutzrechtliche Verantwortung für die von ihm im Klageregister bekannt gemachten Daten trägt. Datenschutzrechtliche Berichtigungs-, Löschungs- und Sperrungsansprüche der Betroffenen sind daher nicht gegenüber dem Herausgeber des elektronischen Bundesanzeigers, sondern gegenüber dem jeweiligen Prozessgericht geltend zu machen, das sodann die entsprechenden Änderungen im Klageregister zu veranlassen hat.

Absatz 4 soll insbesondere die Integrität, Verfügbarkeit, Authentizität und Revisionsfähigkeit der im Klageregister zur Nutzung bereitgehaltenen Daten gewährleisten. Zu diesem Zweck soll das Bundesministerium der Justiz als Herausgeber des elektronischen Bundesanzeigers im Einvernehmen mit dem Bundesamt für Sicherheit in der Informationstechnik (BSI) ein Sicherheitskonzept für Bekanntmachungen im Klageregister erstellen. Die besondere Fachkunde des BSI soll insbesondere dafür nutzbar gemacht werden, das Klageregister wirksam gegen unbefugte Manipulationen an den Datenbeständen und andere Angriffe zu schützen. Durch die vorgeschriebene regelmäßige Aktualisierung des Sicherheitskonzepts soll erreicht werden, dass das Sicherheitskonzept dem jeweiligen neuesten Stand der sicherheitstechnischen Entwicklung entspricht.

Absatz 5 regelt die Löschung der im Klageregister gespeicherten Daten. Die Daten sind nach Abweisung des Musterfeststellungsantrags im Fall des § 4 Abs. 3 Satz 1 KapMuG-E mit der Wiederaufnahme und Fortführung des Verfahrens von Amts wegen, anderenfalls nach rechtskräftigem Abschluss des Musterverfahrens zu löschen.

Absatz 6 Satz 1 enthält eine Ermächtigung des Bundesministerium der Justiz, durch Rechtsverordnung die äußere Gestaltung (Aufbau und Gliederung) des Klageregisters und weitere Einzelheiten der Bekanntmachung im Klageregister zu regeln. Nach **Satz 2** ist die Einsichtnahme in das Klageregister, insbesondere die Gewährleistung eines barrierefreien Zugangs zum Klageregister für behinderte Menschen und Personen, die nicht über einen eigenen Internetzugang verfügen, sowie die bei Recherchen im Klageregister zulässigen Suchstrategien, zu regeln. Außerdem sind ergänzend zu der Löschungsregelung in Absatz 5 Löschungsfristen zu bestimmen.

Nach den **Nummern 1** und **2** sind – als Rahmen für das Sicherheitskonzept nach Absatz 4 – durch Verordnung die wesentlichen Maßnahmen zur Gewährleistung der Integrität, Authentizität und Aktualität der im Klageregister veröffentlichten Daten zu regeln. Insbesondere wird zur Gewährleistung der Integrität und Authentizität eine elektronische Signatur der Bekanntmachungen vorzusehen sein. Da das Klageregister nur einen aktuellen Informationsbedarf befriedigen soll, sind Maßnahmen vorzusehen, die ein elektronisches Kopieren und Weiterverarbeiten der Daten verhindern, soweit ein solcher Kopierschutz technisch realisierbar ist (**Nummer 3**).

§ 3
Ruhen des Rechtsstreits

Mit der Bekanntmachung des Musterfeststellungsantrags im Klageregister hat das jeweilige Prozessgericht das Ruhen des Rechtsstreits anzuordnen.

Begründung

Die Vorschrift regelt, dass das Prozessgericht mit der Bekanntmachung des Musterfeststellungsantrags im Klageregister das Ruhen des Verfahrens anordnet. Das Ruhen des Verfahrens wird durch Beschluss angeordnet; den Beschluss kann das Gericht zusammen mit der Entscheidung über die Eintragung des Musterfeststellungsantrages fassen.

§ 4
Vorlage an das Oberlandesgericht

(1) Das Prozessgericht führt durch Beschluss eine Entscheidung des im Rechtszug übergeordneten Oberlandesgerichts über das Vorliegen einer schadensersatzbegründenden Anspruchsvoraussetzung (Musterentscheid) herbei, wenn

1. in dem Rechtsstreit vor dem Prozessgericht der zeitlich erste Musterfeststellungsantrag gestellt wurde und
2. innerhalb von vier Monaten nach seiner Bekanntmachung in mindestens zehn weiteren Rechtsstreiten vor demselben oder anderen Gerichten gleichgerichtete Musterfeststellungsanträge gestellt wurden. Die zeitliche Reihenfolge der bei den Prozessgerichten gestellten Musterfeststellungsanträge bestimmt sich nach der Bekanntmachung im Klageregister. Musterfeststellungsanträge sind gleichgerichtet, wenn das Feststellungsziel und das zugrundeliegende Schadensereignis identisch sind.

(2) Das Prozessgericht hat bei der Prüfung der Vorlagevoraussetzungen die ersten elf gleichgerichteten Musterfeststellungsanträge zugrunde zu legen. Dem Vorlagebeschluss sind die Stellungnahmen der Antragsteller und des Antragsgegners dieser Rechtsstreite beizufügen.

(3) Ist seit Bekanntmachung des jeweiligen Musterfeststellungsantrags innerhalb von vier Monaten nicht die für die Vorlage an das Oberlandesgericht erforderliche Anzahl von Anträgen gestellt worden, weist das Prozessgericht den Antrag zurück. Der Rechtsstreit wird von Amts wegen wieder aufgenommen.

(4) Sind in einem Land mehrere Oberlandesgerichte errichtet, so kann die Vorlage an das Oberlandesgericht zur Einholung eines Musterentscheids von den Landesregierungen durch Rechtsverordnung einem der Oberlandesgerichte oder dem Obersten Landesgericht zugewiesen werden, sofern dies der Sicherung einer einheitlichen Rechtsprechung dienlich ist. Die Landesregierungen können die Ermächtigung auf die Landesjustizverwaltungen übertragen.

Begründung

Die Vorschrift regelt das Vorlageverfahren und seine Voraussetzungen zur Einholung eines Musterentscheids. Für den Erlass des Musterentscheids ist das im Rechtzug übergeordnete Oberlandesgericht zuständig.

Absatz 1 Satz 1 bestimmt, dass ein Prozessgericht durch Beschluss einen Musterentscheid über das Vorliegen einer im Rechtsstreit strittigen Anspruchsvoraussetzung unter zwei Voraussetzungen einzuholen hat:

Zum einen muss nach **Nummer 1** in dem Rechtsstreit vor dem Prozessgericht der zeitlich erste Musterfeststellungsantrag, sei es durch den Kläger oder sei es durch die Beklagte, gestellt worden sein.

Zum anderen müssen nach **Nummer 2** innerhalb einer Frist von vier Monaten nach der Bekanntmachung des zeitlichen ersten Musterfeststellungsantrags in mindestens zehn weiteren Rechtsstreiten vor demselben oder anderen Gerichten gleichgerichtete Musterfeststellungsanträge gestellt worden sein.

Dass **Nummer 2** die Stellung von Musterfeststellungsanträgen auch vor anderen deutschen Gerichten berücksichtigt, hängt mit der nur begrenzten Möglichkeit zusammen, einen ausschließlichen Gerichtsstand bei falschen oder irreführenden öffentlichen Kapitalmarktinformationen (§ 32b ZPO-E) zu schaffen. Dieser ausschließliche Gerichtsstand wirkt nämlich nur gegenüber inländischen Emittenten. Gegenüber Emittenten, die ihren Sitz in etwa einem Mitgliedstaat der Europäischen Gemeinschaft (mit Ausnahme von Dänemark) haben, entfaltet der Gerichtsstand wegen des Vorrangs der Verordnung (EG) des Rates Nr. 44/2001 vom 22. Dezember 2000 über die gerichtliche Zuständigkeit und die Anerkennung und Vollstreckung von Entscheidungen in Zivil- und Handelssachen (ABl. EG 2001 Nr. L 12 S. 1) keine Wirkung. Dem Geschädigten steht es bei einer grenzüberschreitenden Prospekthaftung daher offen, sich zur Bestimmung der internationalen Zuständigkeit auf den besonderen Gerichtsstand des Artikels 5 Nr. 3 der genannten Verordnung zu berufen. Danach kann er entweder am Ort des ursächlichen Geschehen (Handlungsort) oder an dem Ort klagen, an dem der Schaden eingetreten ist (Erfolgsort). Erwerben deutsche Anleger in Deutschland Aktien eines Emittenten mit Sitz in Frankreich, die zum Handel am französischen regulierten Markt zugelassen sind und jeweils zugunsten der Anleger bei einer depotführende Stelle in Deutschland verwahrt werden, können diese bei einer falschen Ad-hoc-Meldung Prospekthaftungsansprüche nach Maßgabe des Artikels 5 Nr. 3 der genannten Verordnung sowohl am Handlungsort, d. h. dem Marktort in Frankreich, als auch in Deutschland am Erfolgsort geltend machen. Werden die Prospekthaftungsansprüche in Deutschland geltend gemacht, kann jedoch keine Verfahrenskanalisation über einen ausschließlichen Gerichtsstand erreicht werden. Für diese Fälle schafft das Musterverfahren die notwendige Verfahrenskanalisation dadurch, dass es bei der erforderlichen Anzahl von Musterfeststellungsanträge auch solche vor anderen Gerichten berücksichtigt. Um feststellen zu können, welcher Musterfeststellungsantrag bei gleichem Feststellungsziel und gleichem Schadensereignis der zeitlich erste war, erklärt **Satz 2** die Bekanntmachung der Musterfeststellungsanträge für maßgebend.

Satz 3 definiert die Gleichgerichtetheit der Musterfeststellungsanträge. Voraussetzung dafür ist, dass das Feststellungsziel und das zugrunde liegende Schadensereignis identisch sind.

Absatz 2 Satz 1 bestimmt, dass zur Fertigung des Vorlagebeschlusses an das Oberlandesgericht das Prozessgericht die ersten elf gestellten Musterfeststellungsanträge zu berücksichtigen hat. Dies bedeutet für den Fall, dass die Musterfeststellungsanträge an verschiedenen Gerichten gestellt wurde, die Akten von dort aus angefordert werden müssen, um die Voraussetzungen für die Einholung eines Musterentscheids zu prüfen. Weitere Fälle sind in dem Vorlagebeschluss nicht aufzunehmen, auch wenn vor demselben oder verschiedenen Gerichten noch weitere gleichgerichtete Musterfeststellungsanträge gestellt wurden. Nach Eingang des Vorlagebeschlusses beim Oberlandesgerichts und Bekanntmachung des Musterverfahrens im Klageregister des elektronischen Bundesanzeigers obliegt es nämlich den Prozessgerichten, im Rahmen des § 6 Abs. 1 Satz 1 KapMuG zu prüfen, ob ein anhängiges Verfahren im Hinblick auf das Musterverfahren ausgesetzt werden kann oder nicht. Diese Aufgabe kann von dem den Musterentscheid einholenden Prozessgericht nicht geleistet werden; anderenfalls müsste es sich in eine Vielzahl von Verfahren einarbeiten, was im Interesse eines raschen Vorlagebeschlusses an das Oberlandsgericht nicht prozessökonomisch erscheint. Dem Vorlagebeschluss fügt das Prozessgericht nach **Satz 2** die Stellungnahmen der ersten elf Antragssteller und des Antragsgegners sowie ein Doppel der Klageschrift der jeweiligen Rechtsstreite (§ 1 Abs. 2 Satz 3 KapMuG) bei. Durch diese Konzentration des Prozessstoffs soll erreicht werden, dass nicht die bei den Prozessgerichten verwahrten Akten an das Oberlandesgericht ausgefolgt werden müssen.

Gemäß **Absatz 3 Satz 1** weist das Prozessgericht einen Musterfeststellungsantrag zurück, wenn seit seiner Bekanntmachung innerhalb von vier Monaten keine für die Vorlage an das Oberlandesgericht erforderliche Anzahl von Anträgen gestellt wurde. Die Zurückweisung des Antrags hat nach **Satz 2** zur Folge, dass das Verfahren von Amts wegen wieder aufgenommen wird. Die Zurückweisung führt zu einer Löschung nach § 2 Abs. 5 KapMuG-E. Dieser Löschung steht eine erneute Antragstellung unbeschadet § 1 Abs. 3 KapMuG-E nicht entgegen:

Wird z. B. in einem Rechtsstreit gegen einen französischen Emittenten ein Musterfeststellungsantrag am 2. Februar 2004 beim LG Stuttgart gestellt, dem sich sechs weitere Antragsteller am LG München I am 1. März 2004 sowie drei weitere am LG Frankfurt am 1. April 2004 anschließen, so weist das LG Stuttgart den Musterfeststellungsantrag vom 2. Februar 2004 am 2. Juni 2004 zurück. Schließt sich nun ein weiterer Kläger den neun Antragsteller am 14. Juni an, steht es dem zurückgewiesenen Antragsteller vom LG Stuttgart frei, sofort einen neuen Musterfeststellungsantrag zu stellen und dadurch das Musterverfahren auszulösen. Den Vorlagebeschluss wird dann das LG München I zu fertigen haben, sofern der Antrag des zurückgewiesenen Antragstellers bis spätestens zum 1. Juli 2004 wieder im Klageregister eingetragen ist.

Für den Fall, dass in einem Bundesland mehrere Oberlandesgerichte vorhanden sind, räumt **Absatz 4 Satz 1** den Landesregierungen die Möglichkeit ein, durch Rechtsverordnung einem der Oberlandesgerichte oder dem Obersten Landesgericht im Interesse einer einheitlichen Rechtsprechung die ausschließliche Zuständigkeit zuzuweisen. Dadurch soll den Bundesländern insbesondere die Möglichkeit gegeben werden, eine Zuständigkeitskonzentration eines Oberlandesgericht am jeweiligen Börsenplatz herbeiführen zu können. Nach **Satz 2** können die Landesregierungen die Ermächtigung auf die Landesjustizverwaltungen übertragen.

Abschnitt 2: Durchführung des Musterverfahrens

Begründung

Der zweite Abschnitt behandelt die Durchführung des Musterverfahrens vor dem Oberlandesgericht. Das Oberlandesgericht entscheidet über die auf Antrag der Kläger oder des Beklagten vorgelegte Musterfrage durch einen Musterentscheid (§ 11 KapMuG-E). Die Spezialisierung der Senate sowie der damit auch verbundenen Sachkunde und Erfahrung der Richter am Oberlandesgericht rechtfertigen es, diese Entscheidung nach rechtskräftigem Abschluss des

Musterverfahrens bindend den Rechtsstreiten vor den Prozessgerichten zugrunde zu legen.

Das Musterverfahren wird von einem aus der Gruppe der Kläger zu bestimmenden Musterkläger und dem Musterbeklagten betrieben. Die übrigen Kläger werden dagegen beigeladen und haben eine dem einfachen Nebenintervenienten im Sinne von § 67 ZPO vergleichbare Rechtsstellung (§ 7 Abs. 3 und § 9 KapMuG-E).

Denkbar wäre es gewesen, die Rechtsstellung der Beigeladenen an die Rechtsfigur eines streitgenössischen Nebenintervenienten nach § 69 ZPO anzulehnen. Einen derartige Form der Beteiligung sieht beispielsweise das österreichische Kuratorengesetz in § 9 Abs. 2 vor (ÖRGBl. 1874 S. 95; vgl. auch im Allgemeinen Teil unter II. 2. Buchstabe d). Eine derartige Konzeption, die zwar den Beigeladenen in vollem Umfang die gleichen Verfahrens- und Beteiligungsrechte wie dem Musterkläger gewährt, hat die nachteilige Folge, dass für jeden Beigeladenen z. B. eigene Rechtsmittelfristen laufen. Der Musterentscheid würde zu unterschiedlichen Zeitpunkten rechtskräftig, je nachdem, ob die Beigeladenen ein Rechtsmittel einlegen oder nicht, so dass eine einheitliche Entscheidung letztlich auch nicht gewährleistet werden könnte. Daher hat sich der Gesetzentwurf bewusst für eine Anlehnung der Verfahrensrechte der Beigeladenen an die Rechtsstellung des einfachen Nebenintervenienten ausgesprochen.

Die Beiladungswirkung wird im Rahmen der Rechtsbeschwerdeinstanz dahingehend modifiziert, dass der Beigeladene bei Einlegung einer Rechtsbeschwerde durch den Musterkläger oder den Musterbeklagten seinen Beitritt erklären muss. Lehnt er den Beitritt ab oder erklärt er sich nicht, so wird der Rechtsstreit ohne ihn fortgesetzt. Die Musterentscheidung in der Rechtsbeschwerdeinstanz bindet ihn dennoch (§ 13 Abs. 3 KapMuG-E). Dem Beitrittserfordernis liegt die Erwägung zugrunde, dass der Beigeladene nach einem negativen Musterentscheid nicht gezwungen sein soll, in der Rechtsmittelinstanz mitwirken zu müssen und er frei über das Rechtsmittel disponieren können soll. Im Übrigen soll im Rechtsbeschwerdeverfahren von Anfang an klar feststehen, wer sich daran beteiligen wird.

§ 5
Bekanntmachung des Musterverfahrens

Nach Eingang des Vorlagebeschlusses macht das Oberlandesgericht im Klageregister bekannt:

1. **den Namen und die Anschrift des Beklagten,**
2. **das Feststellungsziel des Musterverfahrens,**
3. **den zuständigen Spruchkörper.**

Das Oberlandesgericht trägt die datenschutzrechtliche Verantwortung entsprechend § 2 Abs. 3.

Begründung

Die Vorschrift sieht in **Satz 1** vor, dass das Oberlandesgericht nach Eingang des Vorlagebeschlusses das bei ihm anhängige Musterverfahren mit den in Nummer 1 bis 3 genannten Angaben im Klageregister des elektronischen Bundesanzeigers bekannt macht. Nach Satz 2 trägt das Oberlandesgericht die datenschutzrechtliche Verantwortung für die von ihm im Klageregister bekannt gemachten Daten entsprechend § 2 Abs. 3 KapMuG-E.

§ 6
Aussetzung

(1) **Die Prozessgerichte setzen nach Veröffentlichung des Musterverfahrens im Klageregister die bei ihnen rechtshängigen oder rechtshängig werdenden Rechtsstreite aus, deren Entscheidung von der im Musterverfahren zu treffenden Feststellung der schadensersatzbegründenden Anspruchsvoraussetzung abhängt. Das gilt unabhängig davon, ob in dem Rechtsstreit ein Musterfeststellungsantrag gestellt wurde. Die Anhörung der Parteien findet nicht statt, wenn diese hierauf in den vorbereitenden Schriftsätzen verzichtet haben. Gegen die Aussetzung steht den Parteien des Rechtsstreits die sofortige Beschwerde zu.**

(2) **Jedes Prozessgericht hat den im Klageregister veröffentlichten Spruchkörper des Oberlandesgerichts unverzüglich über eine Aussetzung unter Angabe des Streitwerts in der Hauptsache zu unterrichten.**

Begründung

Die Vorschrift regelt die Aussetzung der Rechtsstreite vor den Prozessgerichten im Hinblick auf das Musterverfahren.

Absatz 1 Satz 1 bestimmt, dass die Prozessgerichte nach Veröffentlichung des Musterverfahrens im Klageregister des elektronischen Bundesanzeigers rechtshängige Rechtsstreite aussetzen müssen, wenn die Entscheidung vom Ausgang des Musterverfahrens abhängt. **Satz 2**

stellt im Interesse der Anspruchsbündelung und der Förderung einer einheitlichen Entscheidung für alle Rechtsstreite, die von der Musterfrage betroffen sind, klar, dass die Pflicht zur Aussetzung unabhängig von einer Antragstellung im jeweiligen Rechtsstreit zu erfolgen hat.

Eine Aussetzung kann nach **Satz 3** ohne Anhörung der Parteien erfolgen, wenn diese bereits im Hinblick auf ein laufendes Musterverfahren in den vorbereitenden Schriftsätzen hierauf verzichtet haben. Die Vorschrift dient der Verfahrensbeschleunigung, da der Rechtsstreit ohne frühen ersten Termin ausgesetzt werden kann.

Satz 4 sieht vor, dass die Parteien den Aussetzungsbeschluss mit der sofortigen Beschwerde angreifen können. Die Regelung erscheint im Hinblick auf das Gebot des rechtlichen Gehörs unerlässlich, da sowohl dem Kläger als auch dem Beklagten die Gelegenheit eingeräumt werden muss, für den konkreten Rechtsstreit aufzuzeigen, weshalb dieser gar nicht von der Entscheidung im Musterverfahren abhänge. Durch den Rechtsbehelf der sofortigen Beschwerde wird zugleich vermieden, dass sich bei einer fehlerhaften Aussetzung durch den Zeitablauf während des Musterverfahrens die konkrete Beweissituation des Geschädigten verschlechtert und der Nachweis des individuellen Schadens erschwert wird.

Gemäß **Absatz 2** hat jedes Prozessgericht den für das Musterverfahren zuständigen Spruchkörper über eine Aussetzung unter Angabe des Streitwerts in der Hauptsache zu unterrichten.

§ 7
Beteiligte des Musterverfahrens

(1) Beteiligte des Musterverfahrens sind:

1. **der Musterkläger,**
2. **der Musterbeklagte,**
3. **die Beigeladenen.**

(2) Die Auswahl des Musterklägers steht im Ermessen des Oberlandesgerichts. Zum Musterkläger soll durch Beschluss bestimmt werden, wer

4. **Kläger in einem Rechtsstreit vor dem Prozessgericht ist, das den Musterentscheid einholt,**
5. **im Zeitpunkt des Erlasses des Vorlagebeschlusses den höchsten Schaden gegen den Beklagten geltend macht und**
6. **eine für das Musterverfahren zweckdienliche Interessenvertretung erwarten lässt.**

Der Beschluss ist unanfechtbar.

(3) Die übrigen Kläger der ausgesetzten Rechtsstreite sind zu dem Musterverfahren beizuladen.

(3) Das Oberlandesgericht unterrichtet den Musterkläger mit der Bekanntgabe seiner Bestimmung zum Musterkläger, die übrigen Kläger ab Bekanntgabe ihrer Beiladung zum Musterverfahren über

1. die anteilige Haftung für die Kosten des Musterverfahrens und
2. das Entfallen dieser Haftung, sofern sie innerhalb von zwei Wochen nach Bekanntgabe ihrer Bestimmung zum Musterkläger oder ihrer Beiladung zum Musterverfahren ihre Klage in der Hauptsache zurücknehmen.

Begründung

Die Vorschrift benennt in **Absatz 1** die Beteiligten des Musterverfahrens. Parteien des Musterverfahrens sind der nach **Absatz 2** aus der Gruppe der Kläger zu bestimmende Musterkläger sowie der Beklagte. Die Bezeichnung Musterkläger knüpft dabei nicht an eine Stellung eines Musterfeststellungsantrags an; vielmehr lässt die Stellung eines Musterfeststellungsantrags die Parteirolle im Rechtsstreit vor dem Prozessgericht und in dem dann vor dem Oberlandesgericht fortgeführten Musterverfahren unberührt.

Absatz 2 Satz 1 stellt die Auswahl des Musterklägers in das Ermessen des Oberlandesgerichts. Durch die gerichtliche Auswahl des Musterklägers will der Gesetzentwurf die Gefahr eines sog. „race to the courtroom" unterbinden, wie sie bei der Sammelklage nach US-amerikanischem Muster auftritt. Dort repräsentiert nämlich dasjenige Gruppenmitglied, das zuerst eine sog. class action einbringt, bei Zulassung der Klage die gesamte Gruppe. Im Gegensatz dazu sieht der Gesetzentwurf eine Auswahl des Musterklägers von Amts wegen vor: Das Oberlandesgericht wählt im Rahmen einer Gesamtbetrachtung den Musterkläger aus der Gruppe der Kläger gemäß **Satz 2** Nummer 1 bis 3 aus. Die Kriterien nach **Nummer 1 bis 3** sollen dabei kumulativ berücksichtigt werden:

Zum Musterkläger kann daher bestimmt werden, wer Kläger in einem Rechtsstreit vor dem Prozessgericht ist, das den Musterentscheid einholt (**Nummer 1**). Dabei kommt es weder darauf an, dass der Kläger selbst einen Musterfeststellungsantrag gestellt hat oder nicht, noch darauf, dass er der Ernennung zustimmt. Dies lässt sich damit rechtfertigen, dass sich einerseits der Kläger einer auf Antrag der Beklagten begehrten Feststellung nicht entziehen kann und es andererseits nicht die Gruppe der Kläger in der Hand haben darf, ob ein von der Beklagten angestrengtes Musterverfahren durchgeführt wird oder nicht.

Zum Musterkläger soll nach Nummer 1 nicht bestimmt werden, wer Kläger in einem Rechtsstreit vor einem anderen als dem Gericht ist, das den Musterentscheid einholt. Mit dieser Einschränkung wird den Fallkonstellationen Rechnung getragen, in denen ein ausländischer Emittent nach Artikel 5 Nr. 3 der Verordnung (EG) des Rates Nr. 44/2001 vom 22. Dezember 2000 (ABl. EG 2001 Nr. L 12 S. 1) in Deutschland verklagt wird und keine Verfahrenskanalisation über den ausschließlichen Gerichtsstand des § 32b ZPO-E erreicht werden kann. Aufgrund des Vorrangs des Gemeinschaftsrechts wäre es in einen derartigen Fall rechtlich nicht möglich, einem Kläger aufzuerlegen, seinen Rechtsstreit aktiv in der Rolle des Musterklägers an einem anderen Ort fortzuführen.

Als weiteres Kriterium für die Auswahl zum Musterkläger sieht **Nummer 2** vor, dass der ausgewählte Kläger den höchsten Schaden gegenüber dem Beklagten geltend macht. Dieses Erfordernis trägt dem Umstand Rechnung, dass ein Großaktionär gesellschaftsrechtlich gegenüber Kleinaktionären eine bedeutendere Stellung genießt und durch eine falsche Kapitalmarktinformation n höherem Ausmaß geschädigt wurde. Insofern erscheint es angemessen, einem Großaktionär die Stellung eines Musterklägers gegenüber anderen Kleinaktionären einzuräumen. Dadurch werden diese in ihrer Klägerrolle auch nicht beeinträchtigt, da sie zu dem Musterverfahren beigeladen werden.

Als drittes Kriterium für die Auswahl des Musterklägers sieht **Nummer 3** vor, dass der ausgewählte Kläger eine für das Musterverfahren zweckdienliche Interessenvertretung erwarten lässt. Dieses Erfordernis soll dem Oberlandesgericht Spielraum dafür geben, bei der Auswahl des Musterklägers z. B. die Sachkunde und die Erfahrung des Prozessbevollmächtigten für das Musterverfahren zu berücksichtigen.

Satz 3 sieht vor, dass die amtswegige Auswahl durch das Oberlandesgericht nicht angegriffen werden kann. Die Regelung entspricht insofern § 93a Abs. 1 Satz 3 VwGO.

Absatz 3 sieht vor, dass die übrigen Kläger der ausgesetzten Rechtsstreite im Musterverfahren beizuladen sind. Ihre Verfahrensstellung ist, wie § 9 KapMuG-E zeigt, an die Rechtsfigur des einfachen Nebenintervenienten im Sinne von § 67 ZPO angelehnt. Durch die Beiladung werden die Kläger im Verhältnis zum Musterkläger nicht Partei, sondern nur Streithelfer. Die Beiladung erfolgt von Amts wegen. Die Beigeladenen sind zu jedem Termin zu laden. Ist dies unterblieben oder nicht ordnungsgemäß geschehen, gilt der Musterkläger als nicht ordnungsgemäß im Sinne von § 335 Abs. 1 Nr. 2 ZPO geladen, so dass im Fall seiner Säumnis kein Versäumnisurteil ergehen kann, sondern vertagt werden muss, wenn nicht eine voll stattgebende Entscheidung zugunsten des Musterklägers ergeht.

§ 8
Wirkung von Rücknahmen

(1) Eine Rücknahme des Musterfeststellungsantrags hat auf die Stellung als Musterkläger oder Musterbeklagter keinen Einfluss.

(2) Nimmt der Musterfeststellungskläger im Laufe des Musterverfahrens seine Klage in der Hauptsache zurück, so bestimmt das Gericht einen neuen Musterkläger. Die Klagerücknahme von Beigeladenen hat auf den Fortgang des Musterverfahrens keinen Einfluss.

Begründung

Absatz 1 stellt sicher, dass die Rücknahme eines Musterfeststellungsantrags auf die Stellung als Musterkläger oder -beklagter keinen Einfluss hat. Der Musterkläger kann sich seiner Parteirolle daher nicht entziehen, indem er seinen gestellten Musterfeststellungsantrag zurücknimmt.

Absatz 2 Satz 1 regelt die Wirkung der Klagerücknahme durch den Musterkläger auf das Musterverfahren. Nimmt dieser mit Zustimmung des Musterbeklagten seine Klage zurück, so hat das Oberlandesgericht einen neuen Musterkläger nach § 7 Abs. 2 KapMuG-E zu bestimmen. **Satz 2** ordnet an, dass die Klagerücknahme eines Beigeladenen auf den Fortgang des Musterverfahrens keinen Einfluss hat. Das Oberlandesgericht führt daher das Musterverfahren fort, auch wenn die Anzahl der Kläger nach Beginn des Musterverfahrens die erforderliche Mindestanzahl nach § 4 Abs. 1 Satz 1 KapMuG-E unterschreitet.

§ 9
Rechtsstellung des Beigeladenen

Der Beigeladene muss das Musterverfahren in der Lage annehmen, in der es sich zur Zeit seiner Beiladung befindet; er ist berechtigt, Angriffs- oder Verteidigungsmittel geltend zu machen und alle Prozesshandlungen wirksam vorzunehmen, soweit nicht seine Erklärungen und Handlungen mit Erklärungen und Handlungen des Musterklägers in Widerspruch stehen.

Begründung

Die Vorschrift regelt die Rechtsstellung des Beigeladenen und seiner einzelnen Befugnisse, auch im Verhältnis zum Musterkläger. Sie lehnt sich in ihrer Konzeption an die Rechtsfigur des einfachen Nebenintervenienten im Sinne von § 67 ZPO an.

Die Befugnisse des Beigeladenen zur Vornahme von Prozesshandlungen ergeben sich aus **Satz 1**:

Der erste Halbsatz ordnet an, dass der Beigeladene das Musterverfahren in der Lage annehmen muss, in der es sich zur Zeit seiner Beiladung befindet.

Erhebt ein Kläger erst Klage, nachdem das Musterverfahren bereits beim Oberlandesgericht anhängig ist, bedeutet dies für ihn, dass er an alle früheren Prozesshandlungen des Musterklägers, aber auch des Gerichts, gebunden ist. Der Beigeladene ist daher an bereits vorliegende Geständnisse und Einwilligungserklärungen, aber auch an die Versäumnisse von Prozesshandlungen, den Beginn oder Ablauf von Fristen oder den Schluss der Tatsachenverhandlung, allgemein an bisherige Zwischenergebnisse (z. B. durchgeführte Beweisaufnahmen) des Verfahrens gebunden. Angesichts der in § 13 Satz 1 2. Hs. KapMuG-E entsprechend eingeschränkten Bindung des Beigeladenen an das Prozessergebnis erscheint dies jedoch hinnehmbar. Nach dem zweiten Halbsatz ist der Beigeladene berechtigt, Angriffs- und Verteidigungsmittel geltend zu machen und alle Prozesshandlungen wirksam vorzunehmen, soweit nicht seine Erklärungen und Handlungen mit Erklärungen und Handlungen des Musterklägers in Widerspruch stehen.

Demnach ist er grundsätzlich berechtigt, alle Prozesshandlungen vorzunehmen, die der Musterkläger vornehmen könnte (z. B. Behauptungen aufstellen und bestreiten, Beweis antreten oder Beweiseinreden erheben). Der Beigeladene kann jedoch den Musterkläger nur in dem unterstützen, worüber er den Prozess führt, nicht aber dem Musterverfahren selbst einen anderen Gegenstand geben. Der Beigeladene kann daher die Musterfeststellungsklage weder ändern noch erweitern. Aufgrund seiner fehlenden Dispositionsbefugnis kann der Beigeladene auch keine materiellrechtlich wirksamen Rechtsgeschäfte, wie beispielsweise einen Vergleich, schließen. Soweit eine Handlung des Beigeladenen mit Erklärungen oder Handlungen des Musterklägers in Widerspruch steht, ist sie unzulässig, vom Gericht zurückzuweisen und kann vom Gegner unbeachtet bleiben. Begrenzt wird die Freiheit des Beigeladenen nur durch Erklärungen und Handlungen des Musterklägers, nicht durch deren Untätigkeit oder Unterlassung. Daher wendet der Beigeladene durch sein Erscheinen das Versäumnisurteil gegen den nicht erschienen Musterkläger ab. Ebenso kann der Beigeladene Einspruch innerhalb der für den Musterkläger einlegen, sofern nicht der Musterkläger durch ausdrückliche oder schlüssige Handlung zu erkennen gibt, dass er die Fortsetzung des Musterverfahrens durch den Beigeladenen missbilligt. Anders als bei der einfachen Nebenintervention kann der Beigeladene Rechtsmittel einlegen, auch wenn der Musterkläger auf das Rechtsmittel verzichtet hat. Dies folgt ausdrücklich aus § 12 Abs. 3 KapMuG-E.

§ 10
Allgemeine Verfahrensregeln

Auf das Musterverfahren sind die im ersten Rechtszug für das Verfahren vor den Landgerichten geltenden Vorschriften der Zivilprozess- ordnung entsprechend anzuwenden, soweit nichts Abweichendes bestimmt ist. Einer Güteverhandlung bedarf es nicht. § 379 der Zivilprozessordnung findet keine Anwendung.

Begründung

Die Vorschrift ordnet in **Satz 1** an, dass das Oberlandesgericht im Rahmen seiner erstinstanzlichen Zuständigkeit (§ 119a GVG-E) auf das Musterverfahren die Vorschriften der §§ 253 bis 494a ZPO anwendet, soweit nicht besondere Ausnahmen im Kapitalanleger-Musterverfahrensgesetz vorgesehen sind.

Nach **Satz 2** bedarf es bei der Verhandlung vor dem Oberlandesgericht keiner Güteverhandlung. Nach **Satz 3** findet § 379 ZPO keine Anwendung. Die Regelung folgt einer für das Gerichtskostengesetz vorgesehenen Regelung (Artikel 6 Nr. 3), nach der im Musterverfahren keine Auslagenvorschüsse erhoben werden.

§ 11
Musterentscheid

(1) Das Oberlandesgericht erlässt den Musterentscheid durch Beschluss. Der Musterentscheid wird dem Musterkläger und dem Musterbeklagten zugestellt; den Beigeladenen wird er formlos mitgeteilt.

(2) Die Entscheidung über die im Musterverfahren angefallenen Kosten bleibt den Prozessgerichten der ausgesetzten Rechtsstreite vorbehalten.

(3) Eine Entscheidung durch Verzichtsurteil oder ein Vergleich sind im Musterverfahren unzulässig.

Begründung

Nach **Absatz 1 Satz 1** ergeht die Entscheidung des Oberlandesgerichts im Musterverfahren durch Beschluss. Infolge der Anlehnung der Rechtsstellung der Beigeladenen an die Rechtsfigur der Nebenintervention und der Streitverkündung sieht **Satz 2** vor, dass der Musterentscheid nur den Hauptparteien des Musterverfahrens zugestellt wird; dies entspricht insoweit vom Ergebnis der Regelung des § 317 Abs. 1 Satz 1 ZPO. Darüber hinaus sieht Satz 2 vor, dass den Beigeladenen der Musterentscheid formlos zu übersenden ist.

Das Oberlandesgericht trifft in dem Musterentscheid keinen Kostenausspruch (**Absatz 2**). Diese Vorschrift stellt eine Ausnahme zu § 308 Abs. 2 ZPO dar. Die Ausnahme erklärt sich daraus, dass die Prozessgerichte nach Durchführung des Musterverfahrens gegebenenfalls individuelle Anspruchsvoraussetzungen noch prüfen müssen und erst dann der Klage eines Anlegers stattgeben können oder sie abweisen müssen. Insofern erscheint es sinnvoller, dass die im Musterverfahren erwachsenen Kosten als Teil der Kosten behandelt werden, die bei den jeweils in der ausgesetzten Hauptsache befassten Prozessgerichten erwachsen (vgl. § 14 Satz 1 KapMuG-E).

Absatz 3 schließt eine Entscheidung durch Verzichtsurteil oder einen Vergleich zur Beilegung des Musterverfahrens aus. Der Vorschrift liegt der Gedanke zugrunde, dass der Musterkläger anderenfalls zu Lasten der Beigeladenen über das Feststellungsziel disponieren könnte. Sie stärkt dadurch die Rechtsstellung der Beigeladenen. Die Entscheidungsform durch Versäumnisurteil gegen den Musterkläger wird nicht als unzulässig erachtet, da der Beigeladene durch Erscheinen ein Versäumnisurteil gegen den nicht erschienen Musterkläger abwenden kann (§ 9 KapMuG-E).

§ 12
Rechtsbeschwerde

(1) Gegen den Musterentscheid findet die Rechtsbeschwerde statt. Auf die Rechtsbeschwerde sind § 574 Abs. 4 und die §§ 575, 576, 577 der Zivilprozessordnung entsprechend anwendbar. Die Sache hat stets grundsätzliche Bedeutung im Sinne des § 574 Abs. 2 Nr. 1 der Zivilprozessordnung.

(2) Das Rechtsbeschwerdegericht teilt den Beigeladenen des Musterverfahrens durch Beschluss den Eingang einer Rechtsbeschwerde mit, wenn diese an sich statthaft ist und in der gesetzlichen Form und Frist eingelegt wurde. Diese können binnen einer Notfrist von einem Monat nach Zustellung des Beschlusses dem Rechtsbeschwerdeverfahren beitreten. Der Beitritt zum Rechtsbeschwerdever-

fahren und ergänzende Ausführungen dazu sind binnen einer Frist von einem Monat zu begründen. Die Frist beginnt mit der Zustellung des Beschlusses über den Eingang der Rechtsbeschwerde. § 551 Abs. 2 Satz 5 und 6 gilt entsprechend. Lehnt der Beigeladene den Beitritt ab oder erklärt er sich nicht innerhalb der in Satz 3 genannten Frist, so wird das Musterverfahren vor dem Rechtsbeschwerdegericht ohne Rücksicht auf ihn fortgesetzt. Auf die Rechtsstellung des Beigeladenen, der dem Rechtsbeschwerdeverfahren beigetreten ist, findet § 9 entsprechende Anwendung.

(3) Legt der Musterkläger Rechtsbeschwerde gegen den Musterentscheid ein, so führt er das Musterverfahren als Musterrechtsbeschwerdeführer in der Rechtsbeschwerdeinstanz fort. Nimmt der Musterkläger seine Rechtsbeschwerde zurück, so bestimmt das Rechtsbeschwerdegericht entsprechend § 8 Abs. 2 Satz 1 in Verbindung mit § 7 Abs. 2 einen neuen Musterrechtsbeschwerdeführer aus dem Kreis der Beigeladenen, die dem Rechtsbeschwerdeverfahren beigetreten sind, es sei denn, dass diese ebenfalls auf die Fortführung der Rechtsbeschwerde verzichten.

(4) Legt nicht der Musterkläger, sondern einer oder mehrere der Beigeladenen Rechtsbeschwerde gegen den Musterentscheid ein, so wird derjenige Beigeladene, welcher als erster das Rechtsmittel eingelegt hat, zum Musterrechtsrechtsbeschwerdeführer vom Rechtsbeschwerdegericht bestimmt. Absatz 2 Satz 1 findet in Ansehung des Musterklägers entsprechende Anwendung.

(5) Legt der Musterbeklagte Rechtsbeschwerde gegen den Musterentscheid ein, so ist Musterrechtsbeschwerdegegner der vom Oberlandesgericht bestimmte Musterkläger. § 574 Abs. 4 Satz 1 der Zivilprozessordnung findet auf die Beigeladenen entsprechende Anwendung.

Begründung

Nach **Absatz 1 Satz 1** steht den Beteiligten des Musterverfahrens die Rechtsbeschwerde gegen den Musterentscheid zu. Die Vorschrift stellt eine Bestimmung im Sinne von § 574 Abs. 1 Nr. 1 ZPO dar. **Satz 2** ordnet die entsprechende Anwendung des Rechtsbeschwerderechts der Zivilprozessordnung im Musterverfahren an. Nach **Satz 3** werden die Voraussetzungen des § 574 Abs. 2 ZPO kraft gesetzlicher Anordnung vermutet, gleichviel ob sie im Einzelfall gegeben sind oder nicht. Diese Vermutungswirkung trägt dem Umstand Rechnung, dass nach höchstrichterlicher Rechtsprechung bei der Auslegung der Zulassungsgründe gerade keine „einfachrechtlichen" Verfahrensrügen, sondern nur Verstöße gegen „grundrechtsgleiches" Verfahrensrecht zu berücksichtigen sind (BGH, Beschluss vom 27. 3. 2003 – V ZR 291/02, NJW 2003, 1943 [1946]). Da der Ausgang der ausgesetzten Rechtsstreite nicht nur von Rechtsfragen, sondern in vielen Fällen von der Feststellung streitiger Tatsachen abhängt und nach Abschluss des Musterverfahrens grundsätzlich niemand mehr geltend machen kann, das Musterverfahren sei unrichtig entschieden (§ 13 Abs. 2 S. 1 KapMuG-E), erscheint es jedoch sachgerecht, dass das Rechtsbeschwerdeverfahren im Musterverfahren in vollem Umfang der

Richtigkeitskontrolle dient. Daher muss es den Beteiligten des Musterverfahrens möglich sein, auch „einfachrechtliche" Verfahrensrügen vor dem Rechtsbeschwerdegericht zu erheben. Dies lässt sich insoweit rechtfertigen, als der Einzelne – ohne Durchführung eines Musterverfahrens – im zweiten Rechtzuge Verfahrensfehler, wie z. B. die fehlerhafte Ablehnung eines Beweisantrags, geltend machen kann, und das Musterverfahren den Umfang der Richtigkeitskontrolle durch die Gerichte nicht beschränken will.

Die Frist zur Einlegung der Rechtsbeschwerde bestimmt sich allein nach der für den Musterkläger laufenden Frist, da nur diesem der Musterentscheid zugestellt wird (§ 11 Abs. 1 Satz 2 KapMuG-E). Dies entspricht der Situation im Falle der einfachen Nebenintervention und der Streitverkündung, da nur der Hauptpartei das Urteil nach § 317 Abs. 1 Satz 1 ZPO zugestellt wird und sich die Rechtsmittelfristen eines Streithelfers stets nach der Frist der Hauptpartei bemessen.

Absatz 2 modifiziert die Beiladungswirkung in der Rechtsbeschwerdeinstanz. Der Beigeladene kann, soweit er nicht selbst eine Rechtsbeschwerde gegen den Musterentscheid einlegt (Absatz 4), im Rechtsbeschwerdeverfahren nur teilnehmen, wenn er diesem aktiv beitritt. Dem Beitrittserfordernis liegt die Erwägung zugrunde, dass der Beigeladene nach einem negativen Musterentscheid nicht gezwungen sein soll, in der Rechtsmittelinstanz mitwirken zu müssen und er frei über das Rechtsmittel disponieren können soll.

Satz 1 sieht vor, dass das Rechtsbeschwerdegericht die Beigeladenen durch Beschluss über den Eingang einer Rechtsbeschwerde zu unterrichten hat. Dies gilt unabhängig davon, ob der Musterkläger, der Musterbeklagte oder nur einer der Beigeladenen Rechtsbeschwerde eingelegt hat. Nach **Satz 2** können die Beigeladenen dem Rechtsbeschwerdeverfahren nur innerhalb einer Notfrist von einem Monat nach Zustellung dieses Beschlusses beitreten. Dadurch soll in der Rechtsbeschwerdeinstanz erreicht werden, dass das Musterverfahren nur mit denjenigen Beigeladenen fortgesetzt wird, die sich innerhalb der Frist für eine aktive Teilnahme erklärt haben. Die Begründungsfrist für den Beitritt und ergänzende Ausführungen zur Rechtsbeschwerde beträgt nach **Satz 3** einen Monat und knüpft nach **Satz 4** an die Zustellung des Beschlusses über den Eingang der Rechtsbeschwerde an.

Sollte diese Frist im Einzelfall nicht ausreichen, erlaubt die Verweisung auf § 551 Abs. 2 Satz 5 und 6 ZPO in **Satz 5** auf Antrag eine Fristverlängerung um bis zu zwei Monate, wenn nach der freien Überzeugung des Vorsitzenden das Rechtsbeschwerdeverfahren nicht verzögert wird oder der Rechtsbeschwerdeführer erhebliche Gründe darlegt (§ 551 Abs. 2 Satz 6 ZPO), sowie weitere Verlängerungen, wenn der Gegner einwilligt (§ 551 Abs. 2 Satz 5 ZPO).

Nach **Satz 6** wird das Musterverfahren vor dem Rechtsbeschwerdegericht ohne den Beigeladenen fortgeführt, wenn er sich nicht innerhalb der Notfrist des Satzes 3 erklärt. An die Entscheidung des Rechtsbeschwerdegerichts ist er nach § 13 Abs. 3 KapMuG-E gebunden, unabhängig davon, ob er dem Rechtsbeschwerdeverfahren beigetreten ist oder nicht. **Satz 7** erklärt § 9 KapMuG-E auf die im Rechtsbeschwerdeverfahren beitretenden Beigeladenen für entsprechend anwendbar.

Absatz 3 Satz 1 bestimmt, dass der vom Oberlandesgericht bestimmte Musterkläger Musterrechtsbeschwerdeführer ist, wenn er Rechtsbeschwerde gegen einen abweisenden Musterentscheid einlegt.

Satz 2 regelt den Sonderfall, dass der Musterrechtsbeschwerdeführer seine Beschwerde zurücknimmt. In diesem Fall wird es den Beigeladenen, die dem Rechtsbeschwerdeverfahren beigetreten sind, ermöglicht, das Musterverfahren vor dem Rechtsbeschwerdegericht fortzuführen. Das Rechtsbeschwerdegericht hat in entsprechender Anwendung der Vorschriften des § 8 Abs. 2 Satz 1 in Verbindung mit § 7 Abs. 2 KapMuG-E einen neuen Musterrechtsbeschwerdeführer zu bestimmen, es sei denn, die Beigeladenen verzichten ebenfalls auf die Fortführung der Rechtsbeschwerde. Mit dieser Sonderbestimmung soll verhindert werden, dass der Musterbeklagte den Musterrechtsbeschwerdeführer durch eine finanzielle Gegenleistung zum Rechtsmittelverzicht – mit sonst nachteiligen Folgen für die Beigeladenen – bewegt.

Absatz 4 Satz 1 regelt ausdrücklich, dass der Beigeladene unabhängig vom Willen des Musterklägers Rechtsbeschwerde einlegen kann. Legt der Musterkläger keine Rechtsbeschwerde ein, so wird derjenige Beigeladene als Musterrechtsbeschwerdeführer bestimmt, der als erster das Rechtsmittel eingelegt hat. **Satz 2** erklärt die Bestimmung des Absatzes 2 Satz 1 in Ansehung des Musterklägers für entsprechend anwendbar. Danach hat das Rechtsbeschwerdegericht den Musterkläger über den Eingang einer Rechtsbeschwerde, die ein Beigeladener eingelegt hat, zu unterrichten, sofern der Musterkläger selbst keine Rechtsbeschwerde einlegt.

Absatz 5 Satz 1 regelt die Einlegung der Rechtsbeschwerde durch den Musterbeklagten. Musterbeschwerdegegner ist in diesem Fall allein der vom Oberlandesgericht bestimmte Musterkläger, nicht dagegen die Beigeladenen.

Satz 2 erklärt § 574 Abs. 4 der Zivilprozessordnung für die Beigeladenen für entsprechend anwendbar. Damit soll den Beigeladenen, die dem Rechtsbeschwerdeverfahren beigetreten sind, ebenfalls das Recht zur Anschlussrechtsbeschwerde eingeräumt werden.

Abschnitt 3: Wirkung des Musterentscheids; Kosten

Begründung

Abschnitt 3 behandelt die Wirkung des Musterentscheids auf die einzelnen ausgesetzten Verfahren sowie die Kostenentscheidung im Hauptsacheverfahren. Daneben regelt er den Streitwert für das Rechtsbeschwerdeverfahren sowie die dort zu treffendende Kostenentscheidung.

§ 13
Wirkung des Musterentscheids

(1) Der Musterentscheid bindet die Prozessgerichte.

(2) Nach rechtskräftigem Abschluss des Musterverfahrens wird der beigeladene Kläger in seinem Rechtsstreit gegenüber dem Beklagten mit der Behauptung nicht gehört, dass das Musterverfahren, wie es dem Oberlandesgericht vorgelegen habe, unrichtig entschieden sei; er wird mit der Behauptung, dass der Musterkläger das Musterverfahren mangelhaft geführt habe, nur insoweit gehört, als er durch die Lage des Musterverfahrens zur Zeit seiner Beiladung oder durch Erklärungen und Handlungen des Musterklägers verhindert worden ist, Angriffs- oder Verteidigungsmittel geltend zu machen, oder als Angriffsoder Verteidigungsmittel, die ihm unbekannt waren, von dem Musterkläger absichtlich oder durch grobes Verschulden nicht geltend gemacht sind. Die Wirkung der Beiladung gilt auch gegenüber dem Beklagten.

(3) Der Musterentscheid wirkt auch gegen die Beigeladenen, die dem Rechtsbeschwerdeverfahren nicht beigetreten sind.

Begründung

Nach **Absatz 1** bindet der rechtskräftige Musterentscheid die Prozessgerichte hinsichtlich der entschiedenen Frage.

Absatz 2 regelt die Beiladungswirkung. Diese ist in Anlehnung an das Vorbild der Interventionswirkung nach § 68 ZPO konzipiert. Sie ergreift nicht nur den Subsumtionsschluss im Musterentscheid, sondern auch dessen tatsächliche und rechtliche Grundlagen. Die Beiladungs

wirkung ist von Amts wegen bei den Entscheidungen über die ausgesetzten Rechtsstreite zwischen den Beigeladenen und dem Musterbeklagten zu berücksichtigen.
Nach **Satz 1** wird der Beigeladene im Verhältnis zur Musterbeklagten in seinem Rechtsstreit mit der Behauptung nicht gehört, dass das Musterverfahren, wie es dem Oberlandesgericht vorgelegen habe, unrichtig entschieden worden sei. Ferner wird der Beigeladene mit der Behauptung, dass der Musterkläger das Musterverfahren mangelhaft geführt habe, grundsätzlich nicht gehört – es sei denn, dass eine der in Satz 1 2. Halbsatz normierten Ausnahmen vorliegt:

Nach Satz 1 2. Halbsatz wird der Einwand mangelhafter Prozessführung nicht ausgeschlossen, soweit der Beigeladene gehindert war, Angriffs- oder Verteidigungsmittel geltend zu machen, und zwar durch die Lage des Musterverfahrens zur Zeit seiner Beiladung oder durch Erklärungen und Handlungen des Musterklägers, zu denen er sich gemäß § 9 KapMuG nicht wirksam in Widerspruch setzen konnte. Ferner tritt die Beiladungswirkung nicht ein, wenn Angriffs- oder Verteidigungsmittel, die dem Beigeladenen unbekannt waren, von dem Musterkläger absichtlich oder durch grobes Verschulden nicht geltend gemacht worden sind.

Allen Ausnahmen des Satzes 1 2. Halbsatz ist gemein, dass sie die Beiladungswirkung der Entscheidung gegen den Beigeladenen dort nicht eintreten lassen, wo der Beigeladene keinen hinreichenden Einfluss auf die Entscheidung im Musterverfahren nehmen konnte. Die erste Ausnahme ist in Abhängigkeit von der Regelung des § 9 1. Hs. KapMuG-E zu sehen. Die zweite Ausnahme rechtfertigt sich aus der Abhängigkeit des Beigeladenen von dem Musterkläger, da sich ersterer nicht in Widerspruch zu Erklärungen und Handlungen des Musterklägers setzen darf. Der Beigeladene bleibt nur Dritter und hat keine eigene Parteirolle inne. Die dritte Ausnahme schützt den Beigeladenen davor, dass die Bindungswirkung auch eintritt, soweit der Musterkläger absichtlich oder grob fahrlässig Angriffs- oder Verteidigungsmittel nicht geltend macht, die dem Beigeladenen unbekannt waren, schützt ihn also vor dolus und culpa des Musterklägers.

Die vorgeschlagene Beiladungswirkung muss sich an den individualistisch geprägten Rechtsschutzgrundsätzen des deutschen Verfassungs- und Prozessrechts, insbesondere dem Rechtsstaatsprinzip, messen lassen. Dieses verlangt einen wirkungsvollen Rechtsschutz in bürgerlich-rechtlichen Streitigkeiten (vgl. BVerfGE 80, 103, 107; 85, 337, 345; 97, 169, 185). „Der Justizgewährungsanspruch umfasst das Recht auf Zugang zu den Gerichten und eine grundsätzlich umfassende tatsächliche und rechtliche Prüfung des Streitgegenstandes sowie

eine verbindliche Entscheidung durch den Richter" (BVerfGE 85, 337, 345). Dieser Justizgewährungsanspruch bedarf der gesetzlichen Ausgestaltung, wie er sie im Gerichtsverfassungsund Verfahrensrecht erfahren hat. Daraus können sich im Einzelfall auch Begrenzungen des Rechtsschutzes ergeben. „Solche Einschränkungen müssen aber mit Belangen einer rechtsstaatlichen Verfahrensordnung vereinbar sein und dürfen den einzelnen Rechtssuchenden nicht unverhältnismäßig belasten" (BVerfGE 88, 118, 124). Maßgeblicher rechtsstaatlicher Maßstab ist mithin die Effektivität des Rechtsschutzes im Sinne eines Anspruchs auf lückenlose tatsächlich wirksame gerichtliche Kontrolle (vgl. BVerfGE 35, 263, 274 zu Artikel 19 Abs. 4 GG – st. Rspr.)

Die Einführung eines Musterverfahrensgesetzes, mit dem die Bündelung gleichgerichteter Schadensersatzklagen geschädigter Anleger erreicht werden soll, ist mit dem Justizgewährungsanspruch insoweit vereinbar, als die vorgeschlagene Bindungswirkung des Musterentscheids nicht unverhältnismäßig weit reicht. Die Erstreckung einer Beiladungswirkung nach dem Vorbild der Interventionswirkung gemäß § 68 ZPO auf die Beigeladenen stellt dabei eine zulässige Modifikation des individuellen Anspruchs auf ein gerichtliches Verfahren dar. Denn die Betroffenen haben nach wie vor die Möglichkeit, über ihre Stellung als Beigeladene Angriffs- und Verteidigungsmittel vorzubringen und dadurch den Verlauf des Verfahrens zu beeinflussen.

Nach **Satz 2** wirkt die Beiladungswirkung auch gegen den Beklagten und somit zugunsten der Beigeladenen. Der Zweck der Beiladungswirkung soll nicht nur darin liegen, die Beklagte vor widersprüchlichen Entscheidungen zu schützen, sondern auch darin, im Interesse des Beigeladenen und im öffentlichen Interesse eine erneute und unter Umständen widersprüchliche Beurteilung derselben Fragen zu verhindern.

Absatz 3 regelt für das Rechtsbeschwerdeverfahren die Wirkung des Musterentscheids für den ausgesetzten Rechtsstreit in der Hauptsache. Dabei ist es für die Wirkung des Musterentscheid unerheblich, ob der Beigeladene am Rechtsbeschwerdeverfahren teilgenommen hat oder nicht.

§ 14
Kostenentscheidung in der Hauptsache

Die anteiligen Kosten des Musterverfahrens gelten als Teil der Kosten der jeweiligen Hauptsache. § 96 der Zivilprozessordnung gilt entsprechend.

Begründung

Satz 1 sieht vor, dass die im Musterverfahren erwachsenen Kosten anteilsmäßig als Teil der Auslagen zu behandeln sind, die bei dem jeweils in der ausgesetzten Hauptsache befassten Gericht erwachsen.

Satz 2 erklärt § 96 der Zivilprozessordnung für entsprechend anwendbar. Unterliegt beispielsweise der Musterbeklagte im Musterverfahren, obsiegt er jedoch in der ausgesetzten Hauptsache, weil eine individuelle Anspruchsvoraussetzung vom Kläger nicht dargelegt werden konnte, so ist jedenfalls das im Musterverfahren vorgebrachte Verteidigungsmittel ohne Erfolg geblieben, so dass er die dort entstandenen zusätzlichen Kosten zu tragen hat. Ebenso hat der Musterkläger oder der Beigeladene die anteilig ausscheidbaren Kosten des Musterverfahrens zu tragen, wenn die Angriffsmittel im Musterverfahren gegenüber dem Beklagten ohne Erfolg geblieben sind, der Kläger seinen Anspruch in der Hauptsache aufgrund eines weiteren Hilfsvortrags erfolgreich durchsetzen kann.

§ 15
Kostenentscheidung im Rechtsbeschwerdeverfahren

(1) Die Kosten einer von dem Musterkläger oder einem Beigeladenen ohne Erfolg eingelegten Rechtsbeschwerde haben nach dem Grade ihrer Beteiligung der Musterrechtsbeschwerdeführer und diejenigen Beigeladenen zu tragen, welche dem Rechtsbeschwerdeverfahren beigetreten sind.

(2) Die Kosten einer von der Musterbeklagten erfolgreich eingelegten Rechtsbeschwerde haben der Musterrechtsbeschwerdegegner und diejenigen Beigeladenen zu tragen, welche dem Rechtsbeschwerdeverfahren beigetreten sind.

Begründung

Absatz 1 regelt die Kostentragungspflicht des Musterklägers und der in der Rechtsbeschwerdeinstanz beigetretenen Beigeladenen für eine ohne Erfolg eingelegte Rechtsbeschwerde.

Absatz 2 regelt die Kostentragungspflicht für den Fall, dass der Musterbeklagte erfolgreich Rechtsbeschwerde gegen den Musterentscheid des Oberlandesgerichts eingelegt hat.

§ 16
Streitwert im Rechtsbeschwerdeverfahren

(1) Im Rechtsbeschwerdeverfahren nach diesem Gesetz bestimmt sich der Streitwert nach der Summe der in sämtlichen nach § 6 ausgesetzten Prozessverfahren geltend gemachten Schadensersatzforderungen.

(2) Der Musterrechtsbeschwerdeführer oder Musterrechtsbeschwerdegegner, der im Prozessverfahren Kläger ist, und die Beigeladenen, die dem Rechtsbeschwerdeverfahren beigetreten sind, schulden Gerichtsgebühren nur nach den sich aus der jeweiligen Höhe der von ihnen im Prozessverfahren geltend gemachten Schadensersatzforderungen ergebenden Wert. Soweit ihnen Kosten des Rechtsbeschwerdeverfahrens auferlegt werden, haben sie die von dem Gegner entrichteten Gerichtsgebühren und die Gebühren seines Rechtsanwalts nur nach diesem Wert zu erstatten.

Begründung

Absatz 1 regelt die Bemessung des für die Gerichtsgebühren maßgeblichen Streitwerts im Rechtsbeschwerdeverfahren. Dabei kommt es nicht nur auf den Antrag des Rechtsmittelführers an. Da der Musterentscheid auch gegen die Beigeladenen wirkt, die dem Rechtsbeschwerdeverfahren nicht beigetreten sind (§ 13 Abs. 3 KapMuG-E), erscheint es sachgerecht, auch deren in den Hauptsacheverfahren geltend gemachten Schadensersatzforderungen bei der Streitwertbemessung zu berücksichtigen. Da der Entscheidung des Rechtsbeschwerdegerichts eine zentrale Bedeutung für den Ausgang des Hauptsacheverfahrens zukommt, fließen die Schadensersatzforderungen nicht nur zu einem Bruchteil, sondern in voller Höhe in den Streitwert für das Rechtsbeschwerdeverfahren ein. Einer Streitwertregelung für das erstinstanzliche Musterverfahren vor dem Oberlandesgericht bedarf es nicht, da insoweit keine Gerichtsgebühren entstehen.

Das wirtschaftliche Interesse eines Klägers im Musterverfahren kann nie höher sein als im Hauptsacheprozess. Deshalb sieht **Absatz 2** vor, dass der Kläger im Musterverfahren nur für Gerichtsgebühren aus dem ihm zurechenbaren Teil des Streitwerts, der der Höhe des von ihm geltend gemachten Schadensersatzanspruchs entspricht, haftet. Die Haftungsbeschränkung erfasst die im Rechtsbeschwerdeverfahren entstehende Gerichtsgebühr, nicht jedoch die Auslagen. Die Regelung trägt dazu bei, Prozesskostenhilfeverfahren zu vermeiden, die im Fall einer unbegrenzten Gebührenhaftung in größerer Zahl zu erwarten wären. Die gleiche Beschränkung gilt für die dem obsiegenden Gegner zu erstattenden Kosten des Rechtsstreits. Das heißt, dass der einzelne Erstattungspflichtige die vom Gegner vorausgezahlten Gerichtsgebühren sowie die gegnerischen Rechtsanwaltsgebühren nur auf der Grundlage seines persönlichen Streitwerts erstatten muss. Der Musterbeklagte trägt somit das Kostenrisiko für den Fall, dass die Summe der zu erstattenden Gerichts- und Rechtsanwaltsgebühren geringer ist als die Gebühren aus dem Gesamtwert. Eine solche Verteilung des Prozesskostenrisikos erscheint indes als wichtiger Schritt zur Stärkung des Rechtsschutzes für Anleger unvermeidlich und sachgerecht. Für den Musterbeklagten kommt eine Haftungsbeschränkung nicht in Betracht, da die im Rechtsbeschwerdeverfahren getroffene Entscheidung in sämtlichen zu Grunde liegenden Hauptsacheverfahren für bzw. gegen ihn wirkt.

Die Gebührenermäßigungsvorschrift wurde einer Regelung nachgebildet, wie sie beispielsweise § 23b UWG, § 247 AktG, § 144 PatG und § 26 GebrMG vorsehen. In den dort genannten Fällen erfolgt jedoch eine Reduzierung des Streitwerts nicht kraft Gesetzes, sondern auf Antrag durch das Prozessgericht, wenn eine Partei glaubhaft macht, dass die Belastung mit den Prozesskosten nach dem vollen Streitwert ihre wirtschaftliche Lage erheblich gefährden würde. Im Musterverfahren ist eine solche Einzelfallentscheidung entbehrlich. Das wirtschaftliche Interesse der einzelnen Beteiligten ist durch den Klageantrag in den jeweiligen Hauptsacheverfahren exakt begrenzt und kann daher in allen Anwendungsfällen als „persönlicher" Streitwert herangezogen werden. Eine Gegenstandswertbegrenzung für die Gebühren des eigenen Verfahrensbevollmächtigten ist nicht erforderlich, da sich für diese der Wert ohnehin nach der Höhe der im Prozessverfahren von dem Auftraggeber oder gegen diesen geltend gemachten Schadensersatzforderung richtet (vgl. Artikel 7 Nummer 2).

Artikel 2: Änderung der Zivilprozessordnung

Die Zivilprozessordnung in der im Bundesgesetzblatt Teil III, Gliederungsnummer 310-4, veröffentlichten bereinigten Fassung, zuletzt geändert durch ..., wird wie folgt geändert:

1. In der Inhaltsübersicht wird nach der Angabe zu **§ 32a** folgende Angabe eingefügt:

„§ 32b Ausschließlicher Gerichtsstand bei falschen oder irreführenden öffentlichen Kapitalmarktinformationen".

Begründung

Die Änderung der Inhaltsübersicht beruht auf der nachstehenden Regelung, mit der ein ausschließlicher Gerichtsstand bei falschen oder irreführenden öffentlichen Kapitalmarktinformationen (§ 32b ZPO-E) eingeführt wird.

2. Nach § 32a wird folgender **§ 32b** eingefügt:

„Für Klagen gegen Emittenten, mit denen der Ersatz eines auf Grund falscher oder irreführender öffentlicher Kapitalmarktinformationen verursachten Schadens geltend gemacht wird, ist das Gericht ausschließlich zuständig, in dessen Bezirk der betroffene Emittent seinen Sitz hat. Dies gilt nicht, wenn der Emittent seinen Sitz im Ausland hat.“

Begründung

Die Regelung sieht einen ausschließlichen Gerichtsstand bei Klagen gegen inländische Emittenten vor, mit denen der Ersatz eines auf Grund falscher oder irreführender öffentlicher Kapitalmarktinformationen verursachten Schadens geltend gemacht wird. Zuständig ist das Gericht, in dessen Bezirk der betroffene Emittent seinen Sitz hat. Als Sitz des Emittenten gilt, wenn sich nichts anderes ergibt, der Ort, wo die Verwaltung geführt wird (§ 17 Abs. 1 Satz 2 ZPO). Der Begriff der falschen oder irreführenden öffentlichen Kapitalmarktinformation ist in § 1 Abs. 1 Satz 3 KapMuG-E legal definiert. Die neue Regelung tritt an die Stelle der bisherigen §§ 48 BörsG sowie § 13 Abs. 2 VerkaufsprospektG.

Durch den neuen ausschließlichen Gerichtsstand wird bei Schadensersatzklagen wegen falscher öffentlicher Kapitalmarktinformationen aller Voraussicht nach nur ein Sachverständigengutachten erforderlich sein, um die beweiserheblichen Behauptungen zu klären. Dies führt zur Beschleunigung des Verfahrens und bewirkt eine erhebliche Kostenersparnis für alle Beteiligten. Ferner wird die in der Praxis häufig schwierige Gewinnung von geeigneten Sachverständigen erleichtert, da nur ein einziger Sachverständiger eingeschaltet werden muss, während ohne die vorgesehene Konzentration möglicherweise in mehreren Verfahren bei verschiedenen Gerichten eine Vielzahl von Sachverständigen Gutachten zu erstellen hätten. Die vorgeschlagene Regelung wirkt, soweit regelbar, auch einer Zersplitterung der örtlichen Zuständigkeiten auf Grund verschiedener Gerichtsstände entgegen, die sich aus der ansonsten in Betracht kommenden Gerichtsständen des Sitzes des Beklagten, der unerlaubten Handlung oder des Vermögens nach internationalem Zivilprozessrecht ergeben könnten.

Die eben aufgezeigten Vorteile, insbesondere der einer einheitlichen, kostengünstigen Beweisaufnahme, überwiegen den mit der Zuständigkeitskonzentration verbundenen Nachteil, wonach die geschädigte Partei nicht mehr die Möglichkeit hat, am ortsnahen Gericht des Erfolgsorts zu klagen. Dieser Nachteil wiegt jedoch insoweit nicht schwer, als zur Feststellung von fehlerhaften oder irreführenden Kapitalmarktinformationen stets auf Unternehmensdaten und die verlautbarten Ad-hoc-Mitteilungen am Sitz des Unternehmens zurückgegriffen werden muss. Der Gerichtsstand des Erfolgsorts stellt daher bei der Aufklärung der Richtigkeit oder Fehlerhaftigkeit von Kapitalmarktinformationen kein geeignetes Anknüpfungsmoment dar.

Der ausschließliche Gerichtsstand nach **Satz 1** gilt nur für außervertragliche Schadensersatzklagen auf Grund falscher Kapitalmarktinformationen. An diesem Gerichtsstand können daher die Schadensersatzansprüche nach §§ 37b und 37c WpHG, Schadensersatzansprüche nach § 823 Abs. 2 BGB in Verbindung mit § 264a StGB sowie den nebenstrafrechtlichen Schutzgesetzen des § 400 AktG und des § 331 HGB geltend gemacht werden.

Satz 2 stellt klar, dass der ausschließliche Gerichtsstand nur bei Emittenten mit Sitz in Deutschland gilt und insoweit nur die örtliche ausschließliche, nicht dagegen die internationale Zuständigkeit regelt. Dem Vorrang der Verordnung (EG) des Rates Nr. 44/2001 des Rates vom 22. Dezember 2000 über die gerichtliche Zuständigkeit und die Anerkennung und Vollstreckung von Entscheidungen in Zivil- und Handelssachen (ABl. EG 2001 Nr. L 12 S. 1) wird damit Rechnung getragen. Dem Geschädigten steht es bei einer grenzüberschreitenden Prospekthaftung daher offen, sich zur Bestimmung der internationalen Zuständigkeit auf den besonderen Gerichtsstand des Artikels 5 Nr. 3 der genannten Verordnung zu berufen. Danach kann er entweder am Ort des ursächlichen Geschehen (Handlungsort) oder an dem Ort klagen, an dem der Schaden eingetreten ist (Erfolgsort). Erwerben deutsche Anleger in Deutschland Aktien eines Emittenten mit Sitz in Frankreich, die zum Handel am französischen regulierten Markt zugelassen sind und jeweils zugunsten der Anleger bei einer depotführende Stelle in Deutschland verwahrt werden, können diese bei einer falschen Ad-hoc- Meldung Prospekthaftungsansprüche nach Maßgabe des Artikels 5 Nr. 3 der genannten Verordnung sowohl am Handlungsort, d. h. dem Marktort in Frankreich, als auch in Deutschland am Erfolgsort geltend machen.

Artikel 3: Änderung des Börsengesetzes

Das Börsengesetz in der Fassung der Bekanntmachung vom 21. Juni 2002 (BGBl. I. S. 2010) wird wie folgt geändert:

1. In der Inhaltsübersicht wird die Angabe zu **§ 48** wie folgt gefasst:

„§ 48 (weggefallen)“.

Begründung
Die Änderung der Inhaltsübersicht beruht auf der Streichung des § 48 BörsG.

2. **§ 48** wird aufgehoben.

Begründung
§ 48 BörsG ist auf Grund der Neuregelung des ausschließlichen Gerichtsstands bei falscher oder irreführender öffentlicher Kapitalmarktinformationen in § 32b ZPO-E zu streichen.

3. **§ 55** wird wie folgt gefasst:

„**§ 55** Haftung für den Unternehmensbericht

Sind Angaben im Unternehmensbericht unrichtig oder unvollständig, so sind die Vorschriften der §§ 44 bis 47 entsprechend anzuwenden.“

Begründung
Die Änderung ist eine Folgeänderung zu Nummer 2. Durch den Wegfall des § 48 BörsG ist die Norm anzupassen; der materielle Haftungstatbestand nach § 55 BörsG wird dadurch jedoch nicht berührt.

Artikel 4: Änderung des Verkaufsprospektgesetzes

§ 13 Abs. 2 des Verkaufsprospektgesetzes in der Fassung der Bekanntmachung vom 9. September 1998 (BGBl. I S. 2701), das zuletzt durch ... geändert worden ist, wird aufgehoben.

Begründung
§ 13 Abs. 2 Verkaufsprospektgesetz ist auf Grund der Neuregelung des ausschließlichen Gerichtsstands bei falscher oder irreführender öffentlicher Kapitalmarktinformationen in § 32b ZPO-E zu streichen.

Artikel 5: Änderung des Gerichtsverfassungsgesetzes

Das Gerichtsverfassungsgesetzes in der Fassung der Bekanntmachung vom 9. Mai 1975 (BGBl. I S. 1077), zuletzt geändert durch ..., wird wie folgt geändert:

1. In **§ 71 Abs. 2** wird der Punkt durch ein Semikolon ersetzt und folgende **Nummer 3** angefügt:

„3. für Schadensersatzansprüche gegen Emittenten auf Grund falscher oder irreführender öffentlicher Kapitalmarktinformationen.“

Begründung

Die Vorschrift des § 71 Abs. 2 GVG regelt die sachliche Zuständigkeit der Landgerichte ohne Rücksicht auf den Wert des Streitgegenstandes. Die vorgeschlagene Regelung des § 71 Abs. 2 Nr. 3 GVG-E sieht vor, dass für Schadensersatzansprüche gegen Emittenten auf Grund falscher oder irreführender öffentlicher Kapitalmarktinformationen das Landgericht zuständig ist. Dadurch soll eine Bündelung bei einem Eingangsgericht erreicht werden, soweit sich die Schadensersatzansprüche gegen einen inländischen Emittenten richten (§ 32b Satz 1 ZPO-E).

2. In **§ 95 Abs. 1 Nr. 6** wird die Angabe „§§ 45 bis 48 des Börsengesetzes (Reichsgesetzbl. 1908 S. 215)" durch die Angabe „§§ 44 bis 47 des Börsengesetzes" ersetzt.

Begründung

Die Änderungen in Nummer 2 bereinigen ein Redaktionsversehen, welches auf Grund der Neuordnung des Börsengesetzes im Vierten Finanzmarktförderungsgesetz (BGBl. 2002 I S. 2010) entstanden ist.

3. Nach § 119 wird folgender **§ 119a** eingefügt:

„§ 119a Die Oberlandesgerichte sind in bürgerlichen Rechtsstreitigkeiten ferner zuständig für die Verhandlung und Entscheidung über Musterverfahren nach dem Kapitalanleger-Musterverfahrensgesetz."

Begründung

Die Vorschrift regelt eine erstinstanzliche Zuständigkeit der Oberlandesgerichte zur Verhandlung und Entscheidung über Musterentscheide. Die Bestimmung des Oberlandesgerichts zur Verhandlung und Entscheidung des Musterverfahrens in erster Instanz findet seine Berechtigung zum einen darin, dass die Erfahrung und die zu erwartende Spezialisierung der Senate am Oberlandesgericht eine hohe Richtigkeitsgewähr der getroffenen Entscheidung gewährleistet. Zum anderen spricht für die erstinstanzliche Zuständigkeit der Oberlandesgerichte die Tatsache, dass der Musterentscheid verschiedene Prozessgerichte bindet, wenn gegen einen ausländischen Emittenten an den jeweiligen Prozessgerichte Musterfeststellungsanträge gestellt wurden. Insofern lehnt sich die vorgeschlagene Entscheidungszu- ständigkeit und die vertikale Bindungswirkung an das Modell des früheren Rechtsentscheids in Mietsachen (§ 541 a. F. ZPO) an.

Artikel 6: Änderung des Gerichtskostengesetzes

Das Gerichtskostengesetz vom ... (BGBl. I S. ...)1 wird wie folgt geändert:

1. Dem **§ 5 Abs. 1** wird folgender Satz angefügt:

„Für die Ansprüche auf Zahlung von Auslagen des erstinstanzlichen Musterverfahrens nach dem Kapitalanleger-Musterverfahrensgesetz beginnt die Frist frühestens mit dem rechtskräftigen Abschluss des Musterverfahrens.“

Begründung

Die im erstinstanzlichen Musterverfahren entstehenden Auslagen zählen zu den Auslagen des ersten Rechtszugs des zugehörigen Prozessverfahrens und werden erst mit dem rechtskräftigen Abschluss des Musterverfahrens fällig (vgl. Nummern 2 und 6 Buchstabe h). Das Prozessverfahren kann – z. B. im Fall der Klagerücknahme – bereits vor dem Musterverfahren beendet sein und dadurch die Verjährung in Gang setzen. Die vorgeschlagene Regelung stellt sicher, dass ungeachtet dessen auch für die Auslagen des erstinstanzlichen Musterverfahrens die volle Verjährungsfrist erhalten bleibt.

2. **§ 9** wird wie folgt geändert:

   a) Dem **Absatz 1** wird folgender Absatz vorangestellt:

„(1) Die Auslagen des Musterverfahrens nach dem Kapitalanleger- Musterverfahrensgesetz werden mit dem rechtskräftigen Abschluss des Musterverfahrens fällig.“

   b) Die bisherigen Absätze 1 und 2 werden die **Absätze 2 und 3**.

Begründung

Da die anteiligen Auslagen des erstinstanzlichen Musterverfahrens zu den Kosten des ersten Rechtszugs des Prozessverfahrens zählen und im Lauf des Musterverfahrens neue Kostenschuldner durch Beiladung zum Verfahren hinzukommen können, steht die auf die einzelnen Hauptsacheverfahren entfallende Kostenquote erst nach dem rechtskräftigen Abschluss des Musterverfahrens fest. Nach dem derzeitigen § 9 Abs. 1 GKG werden Auslagen u. a. dann fällig, wenn eine unbedingte Entscheidung über die Kosten ergangen ist. Um zu verhindern, dass durch Rücknahme der Hauptsacheklage die Auslagen des erstinstanzlichen Musterverfahrens fällig werden, bevor diese abschließend beziffert werden können, sieht die vorgeschlagene 1 Das Gerichtskostengesetz in der vom Deutschen Bundestag am 12. Februar 2004 beschlossenen, jedoch noch nicht verkündeten Fassung.Regelung eine abweichende Regelung zur Fälligkeit der Auslagen des Musterverfahrens vor. Dadurch können aufwändige Nachberechnungen vermieden werden.

3. In **§ 17 Abs. 4 Satz 1** werden nach den Wörtern „gilt nicht" die Wörter „in Musterverfahren nach dem Kapitalanleger-Musterverfahrensgesetz," eingefügt.

Begründung

Die Regelung sieht vor, dass im Musterverfahren keine Auslagenvorschüsse erhoben werden. Insbesondere betrifft dies die regelmäßig anfallende Sachverständigenvergütung. Bei einer Abhängigmachung der Beauftragung des Sachverständigen von der vorherigen Zahlung der Kosten wären erhebliche unerwünschte Auswirkungen auf das Verfahren zu erwarten. So wäre etwa ein allein vorschusspflichtiger Musterkläger gezwungen, Prozesskostenhilfe in Anspruch zu nehmen, wenn er die meist erheblichen Sachverständigenkosten nicht alleine aufbringen könnte. Die Abhängigmachung würde dadurch ins Leere laufen. Würde der Musterkläger zahlen, könnte er einen Anspruch gegen die Beigeladenen auf anteilige Erstattung der Kosten voraussichtlich nur mit erheblichem Aufwand für sich selbst und für die Gerichte geltend machen. Der Musterkläger wäre womöglich gezwungen, zur Durchsetzung seiner Ansprüche diese Forderungen titulieren zu lassen. Bei Nichtzahlung durch einen Verpflichteten wäre dieser Teilbetrag dann wiederum auf die übrigen Beigeladenen zu verteilen. Bei einer Verteilung der Vorschusspflicht auf den Musterkläger und alle Beigeladen würde die Nichtzahlung durch einen Beteiligten zu einer erheblichen Verfahrensverzögerung führen. Zudem wäre damit ein enormer zusätzlicher Verwaltungsaufwand verbunden, da der ausstehende Betrag anteilig von allen übrigen Vorschusspflichtigen angefordert werden müsste. Daher wird von einer Vorschusserhebung abgesehen.

4. Dem **§ 22** wird folgender **Absatz 3** angefügt:

„(3) Im erstinstanzlichen Musterverfahren nach dem Kapitalanleger-Musterverfahrensgesetz ist Absatz 1 nicht anzuwenden. Im Verfahren über die Rechtsbeschwerde nach § 12 des Kapitalanleger-Musterverfahrensgesetzes schuldet neben dem Rechtsbeschwerdeführer auch der Beigeladene, der dem Rechtsbeschwerdeverfahren auf Seiten des Rechtsbeschwerdeführers beigetreten ist, die Kosten."

Begründung

Im Zivilprozess haftet nach § 22 Abs. 1 GKG grundsätzlich der Antragsteller der Instanz für die im jeweiligen Rechtszug entstehenden Kosten. Diese unmittelbare Antragstellerhaftung wird für das erstinstanzliche Musterverfahren ausgeschlossen. Vielmehr werden die Kosten des Musterverfahrens nach dem Verhältnis der jeweils im Hauptsacheprozess geltend gemachten Schadensersatzforderungen auf die zu Grunde liegenden Prozessverfahren verteilt.

Die dortige Antragstellerhaftung erstreckt sich somit nur auf diesen Teilbetrag. Die Attraktivität des Musterverfahrens wird erhöht, da ein Kläger, der einen Musterfeststellungsantrag stellt, kein zusätzliches Prozesskostenrisiko übernehmen muss. Im Vergleich zu einem Zivilprozess ohne Musterverfahren wird sein Kostenrisiko durch eine Verteilung der Sachverständigenkosten sogar erheblich reduziert. Eine Zweitschuldnerhaftung der Antragsteller im Musterverfahren würde zudem in der Praxis zu erheblichen Problemen führen, da der Kostenansatz im Hauptsachprozessverfahren erfolgt und die für die Inanspruchnahme der Zweitschuldner erforderlichen Informationen zunächst mühsam aus den Akten der anderen Prozessverfahren ermittelt werden müssten.

Die für die Antragstellerhaftung im Rechtsbeschwerdeverfahren vorgeschlagene Regelung sieht vor, dass neben dem Rechtsbeschwerdeführer auch diejenigen Beigeladenen für die Kosten haften, die der Rechtsbeschwerde auf der Seite des Rechtsbeschwerdeführers beigetreten sind, da diese sich aktiv am Rechtsbeschwerdeverfahren beteiligen. Zwar gilt die Entscheidung des Rechtsbeschwerdegerichts auch für die nicht beigetretenen Beigeladenen. Da sie jedoch im Rechtsbeschwerdeverfahren nicht gehört werden, sieht die Regelung vor, dass sie auch nicht für die dort entstehenden Kosten haften. Soweit der Musterbeklagte die Rechtsbeschwerde erhoben hat, kommt für die Beigeladenen, die der Rechtsbeschwerde auf der Seite des Rechtsbeschwerdegegners beigetreten sind, eine Antragstellerhaftung nur im Rahmen der Anschlussbeschwerde in Betracht.

5. Dem **§ 66 Abs. 1** wird folgender Satz angefügt:

„Soweit sich die Erinnerung gegen den Ansatz der Auslagen des erstinstanzlichen Musterverfahrens nach dem Kapitalanleger-Musterverfahrensgesetz richtet, entscheidet hierüber das für die Durchführung des Musterverfahrens zuständige Oberlandesgericht.“

Begründung

Die im erstinstanzlichen Musterverfahren entstandenen Auslagen werden anteilig in den zu Grunde liegenden Hauptsacheverfahren erhoben (vgl. Nummer 6 Buchstaben a, h). Für die Auslagen des erstinstanzlichen Musterverfahrens ist die Regelung des § 66 Abs. 1 Satz 1 GKG, nach der über Erinnerungen gegen den Kostenansatz grundsätzlich das Gericht entscheidet, bei dem die Kosten angesetzt sind, nicht sachgerecht. Lediglich das Oberlandesgericht, das das Musterverfahren durchgeführt hat, verfügt in seinen Verfahrensakten über die nötigen Informationen, um über die Verteilung der Kosten auf die einzelnen Hauptsacheverfahren entscheiden zu können. Die Änderung eines Kostenansatzes in diesem Bereich erfordert zudem regelmäßig auch eine Neuberechnung der auf die anderen Hauptsacheverfahren entfallenden Auslagenanteile, die nur das Oberlandesgericht vornehmen kann. Nach der Regelung entscheidet das für die Durchführung des erstinstanzlichen Musterverfahrens zuständige Oberlandesgerichts abschließend über die Kostenerinnerung, soweit diese sich gegen den Ansatz der Auslagen für diesen Rechtszug wendet. Dadurch werden sich gegenseitig widersprechende Erinnerungsentscheidungen in den Einzelverfahren vermieden und Unklarheiten bei der Verteilung der Auslagen des Musterverfahrens verhindert. Für den Teil der Erinnerung, die sich auf den Ansatz anderer Kosten bezieht, verbleibt es bei der Zuständigkeitsregelung des § 66 Abs. 1 Satz 1 GKG.

6. Das Kostenverzeichnis (**Anlage 1 zu § 3 Abs. 2**) wird wie folgt geändert:

a) Nach der Überschrift zu Teil 1 Hauptabschnitt 2 Abschnitt 1 wird folgende Vorbemerkung 1.2.1 eingefügt:

„Vorbemerkung 1.2.1:

Die Gebühren dieses Abschnitts entstehen nicht im Musterverfahren nach dem KapMuG; das erstinstanzliche Musterverfahren gilt als Teil des ersten Rechtszugs des Prozessverfahrens.“

Begründung

Durch die Einführung des Musterverfahrens werden die Zivilgerichte entlastet. Komplexe gleichgelagerte Beweisaufnahmen können in einer Vielzahl von Verfahren vermieden werden durch Zusammenfassung in einem Musterverfahren. Da die Gerichtsgebühren in den einzelnen Hauptsacheverfahren jedoch in voller Höhe erhalten bleiben, erscheint es sachgerecht, für das erstinstanzliche Musterverfahren keine gesonderten Gerichtsgebühren zu erheben. Aus kostenrechtlicher Sicht gilt das erstinstanzliche Musterverfahren als Teil des ersten Rechtszugs der zu Grunde liegenden Hauptsacheverfahren. Dies gilt auch dann, wenn sich das Hauptsachverfahren bei der Aussetzung nach § 6 KapMuG-E bereits in der Rechtsmittelinstanz befindet.

b) Im Gebührentatbestand der **Nummer 1211** werden nach den Wörtern „in Nummer 2 genannten Urteile“ die Wörter **„oder ein Musterentscheid nach dem KapMuG“** eingefügt.

Begründung

Nach der Regelung findet eine Ermäßigung der Verfahrensgebühr für das Hauptsacheverfahren nicht statt, wenn im Musterverfahren bereits ein Musterentscheid erlassen wurde. Hierbei ist es ohne Bedeutung, ob der Musterentscheid bei Eintritt des Ermäßigungstatbestands bereits rechtskräftig war. Für das erstinstanzliche Musterverfahren werden keine gesonderten Gebühren erhoben. Vielmehr wird das Verfahren durch die Gebühren für den ersten Rechtszug der

zu Grunde liegenden Hauptsacheverfahren abgegolten. Es erscheint daher sachgerecht, in Anwendung des Grundgedankens der Ermäßigungsvorschrift Nummer 1211 KV GKG eine Gebührenermäßigung nur so lange zu ermöglichen, wie im Musterverfahren noch keine rechtszugbeendende Entscheidung getroffen wurde.

c) Nach Nummer 1820 wird folgende **Nummer 1821** eingefügt: Nr. Gebührentatbestand Gebühr oder Satz der Gebühr nach § 34 GKG "1821 Verfahren über Rechtsbeschwerden nach § 12 KapMuG... 5,0"

d) Die bisherigen Nummern 1821 bis 1823 werden die **Nummern 1822 bis 1824**.

e) Im Gebührentatbestand der neuen **Nummer 1822** werden die Wörter „Die Gebühr 1820 ermäßigt“ durch die Wörter **„Die Gebühren 1820 und 1821 ermäßigen“** ersetzt. **Begründung zu Buchstabe c bis e** Die Regelung sieht vor, dass für das Rechtsbeschwerdeverfahren eine Gebühr mit einem Gebührensatz von 5,0 erhoben wird. Wird das gesamte Verfahren durch Zurücknahme der Rechtsbeschwerde beendet, bevor die Schrift zur Begründung der Rechtsbeschwerde bei Gericht eingegangen ist, ermäßigt sich die Gebühr auf einen Gebührensatz von 1,0. Dies entspricht der für die Revision und die Rechtsbeschwerde nach § 74 GWB geltenden Gebührenregelung. Die Höhe der Gebühr erscheint im Hinblick auf die Schwierigkeit des Verfahrensgegenstands und den durch die Vielzahl von Beteiligten bedingten tatsächlichen Aufwand angemessen.

f) Dem **Absatz 1 der Anmerkung zu Nummer 9000** wird folgender Satz angefügt:

„Die Dokumentenpauschale ist auch im erstinstanzlichen Musterverfahren nach dem KapMuG gesondert zu berechnen.“

Begründung

Nach Nummer 9000 Nr. 1 KV GKG beträgt die Dokumentenpauschale jeweils 0,50 Euro für die ersten 50 Seiten und 0,15 Euro für jede weitere Seite. Zwar gilt nach der neu einzufügenden Vorbemerkung 1.2.1 (vgl. Nummer 6 Buchstabe a) das erstinstanzliche Musterverfahren als Teil des ersten Rechtszugs des Prozessverfahrens. Zur Vermeidung von Schwierigkeiten bei der Abgrenzung zwischen den ersten 50 Seiten und den weiteren Seiten wird jedoch vorgeschlagen, die Dokumentenpauschale im erstinstanzlichen Musterverfahren gesondert zu berechnen. Dass die Dokumentenpauschale auch für das Rechtsbeschwerdeverfahren gesondert zu berechnen ist, ergibt sich bereits aus Absatz 1 Satz 1 der Anmerkung zu Nummer 9000 KV GKG.

g) Der **Anmerkung zu Nummer 9002** wird folgender Satz angefügt:

„Im erstinstanzlichen Musterverfahren nach dem KapMuG werden Auslagen für sämtliche Zustellungen erhoben.“

Begründung

Die Regelung sieht vor, dass im erstinstanzlichen Musterverfahren für sämtliche der in Nummer 9002 KV GKG genannten Zustellungen Auslagen erhoben werden. Wie bei der Regelung zur Dokumentenpauschale (vgl. Nummer 6 Buchstabe f) soll hierdurch die Abrechnung erleichtert werden. Eine Nichterhebung von Auslagen für die ersten zehn Zustellungen kommt nur dann in Betracht, wenn diese neben Gebühren anfallen, die sich nach dem Streitwert richten. Diese Gebühren sind so kalkuliert, dass sie die nicht erhobenen Zustellungsauslagen mit abgelten. Da im erstinstanzlichen Musterverfahren keine gesonderten Gerichtsgebühren entstehen, erscheint es sachgerecht, hier die Auslagen für sämtliche Zustellungen zu erheben.

h) Dem **Teil 9** wird folgende **Nummer 9019** angefügt:

"9019 Im ersten Rechtszug des Prozessverfahrens: Auslagen des erstinstanzlichen Musterverfahrens nach dem KapMuG

(1) Die Auslagen werden nur erhoben, wenn der Kläger nicht innerhalb von zwei Wochen ab Bekanntgabe seiner Bestimmung zum Musterkläger oder seiner Beiladung zum Musterverfahren seine Klage in der Hauptsache zurücknimmt.
(2) Der Anteil bestimmt sich nach dem Verhältnis der von dem Kläger geltend gemachten Schadensersatzforderung zu der Summe der von allen Musterklägern und Beigeladenen des Musterverfahrens in den jeweiligen Hauptsacheverfahren geltend gemachten Forderungen. Die Forderung des Musterklägers oder eines Beigeladenen ist hierbei nicht zu berücksichtigen, wenn er innerhalb von zwei Wochen ab Bekanntgabe seiner Bestimmung zum Musterkläger oder seiner Beiladung zum Musterverfahren seine Klage in der Hauptsache zurücknimmt. anteilig"

Begründung

Für die Auslagen des erstinstanzlichen Musterverfahrens gibt es keinen gesonderten Antragstellerschuldner. Eine Kostenentscheidung trifft das Oberlandesgericht nicht. Vielmehr

gilt das erstinstanzliche Musterverfahren als Teil des ersten Rechtszugs des Prozessverfahrens (vgl. Nummer 6 Buchstabe a). Nach dem vorgeschlagenen Auslagentatbestand werden die Auslagen des erstinstanzlichen Musterverfahrens (Gebühren fallen nicht an) auf die zu Grunde liegenden Prozessverfahren verteilt. Diese verteilten Auslagen unterliegen damit den Kostenhaftungsvorschriften des jeweiligen Hauptsacheverfahrens. Zum einen werden sie von der Kostenentscheidung in der Hauptsache erfasst. Zum anderen haftet der jeweilige Kläger für sie als Antragsteller der Instanz nach § 22 Abs. 1 GKG. Dies erscheint sachgerecht, da im Musterverfahren eine aus den Hauptsacheverfahren ausgegliederte Beweisaufnahme stattfindet mit einem für das Prozessverfahren bindenden Ergebnis. Bei Durchführung der Beweisaufnahme in den jeweiligen Hauptsacheverfahren trüge der Kläger ein wesentlich höheres Prozesskostenrisiko, da er als Antragsteller für die gesamten Sachverständigenkosten haften würde. Nach der hier für das Musterverfahren vorgeschlagene Regelung haftet der Kläger hingegen nur für einen Teil der Auslagen.
Die Verteilung der Auslagen bewirkt zudem eine erhebliche Arbeitsersparnis für das Musterverfahrensgericht. So wird vermieden, dass das erstinstanzliche Mustergericht von ggf. Hunderten von Beigeladenen Bruchteile der Gesamtauslagen einfordern und bei Nichtzahlung einzelner Teilbeträge diese wiederum anteilig sämtlichen anderen Beteiligten in Rechnung stellen muss.

Die Beiladung des Klägers zum Musterverfahren erfolgt von Amts wegen. Um zu verhindern, dass sich ein Kläger durch Klagerücknahme der Haftung für die Auslagen des erstinstanzlichen Musterverfahrens entzieht, nachdem der Verlauf der Beweisaufnahme auf einen für ihn ungünstigen Ausgang des Musterverfahrens hindeutet, sieht der vorgeschlagene Auslagentatbestand vor, dass einem Zivilprozess grundsätzlich auch die Auslagen des erstinstanzlichen Musterverfahrens, die nach Abschluss des Hauptsacheverfahrens entstanden sind, anteilig zugerechnet werden. Der Kläger hat jedoch nach Absatz 1 der Anmerkung die Möglichkeit, die Kostenhaftung durch eine Klagerücknahme innerhalb von zwei Wochen ab seiner Einbeziehung in das Musterverfahren abzuwenden. Hierüber ist er vom Oberlandesgericht zu belehren (vgl. § 7 Abs. 4 KapMuG-E). Für die vorgeschlagene Vorschrift sprechen auch praktische Erwägungen, da sie dem Kostenbeamten durch ihre klare Fristenregelung die Feststellung erleichtert, auf welche der Hauptsacheverfahren die Auslagen zu verteilen sind. Nach Absatz 2 der Anmerkung bestimmen sich die auf die einzelnen Hauptsacheverfahren entfallenden Anteile an den Gesamtauslagen des erstinstanzlichen Musterverfahrens nach dem Verhältnis der Höhe der jeweils geltend gemachten Schadensersatzforderungen zu der Summe der Forderungen aus allen Prozessverfahren, auf die die Auslagen zu verteilen sind. Die Verfahren, denen infolge Klagerücknahme kein Anteil an den Auslagen zugewiesen wird (vgl. Absatz 1 der Anmerkung), werden bei der Berechnung der Gesamtsumme der Schadensersatzforderungen nicht berücksichtigt.

Artikel 7: Änderung des Rechtsanwaltsvergütungsgesetzes

Das Rechtsanwaltsvergütungsgesetz vom... (BGBl. I S. ...)2 wird wie folgt geändert:

1. **§ 16** wird wie folgt geändert:

   a) In **Nummer 13** wird das abschließende Wort „**und**" gestrichen.

   b) Nach **Nummer 14** wird der Punkt durch das Wort „**und**" ersetzt und folgende **Nummer 15** angefügt:

„15. das erstinstanzliche Prozessverfahren und der erste Rechtszug des Musterverfahrens nach dem Kapitalanleger-Musterverfahrensgesetz."

Begründung

Nach § 15 Abs. 2 Satz 1 RVG kann der Rechtsanwalt die Gebühren in derselben Angelegenheit nur einmal fordern. Durch die vorgeschlagene Regelung wird bestimmt, dass das erstinstanzliche Prozessverfahren und der erste Rechtszug des Musterverfahrens dieselbe Angelegenheit bilden. Der Rechtsanwalt erhält daher für seine Tätigkeit im Musterverfahren lediglich diejenigen Gebühren, die ihm nicht bereits aus dem Hauptsacheverfahren zustehen. In Betracht kommt hier die Terminsgebühr in den Fällen, in denen das Hauptsacheverfahren ohne Durchführung eines Termins beendet wird. Die Verfahrensgebühr entsteht hingegen stets auch im erstinstanzlichen Prozessverfahren. Die Regelung gilt auch dann, wenn sich das Prozessverfahren zum Zeitpunkt der Aussetzung bereits im Rechtsmittelverfahren befindet. Bei der Vertretung mehrerer Kläger gelten die allgemeinen Regeln, nach denen der Rechtsanwalt die Gebühren in derselben Angelegenheit nur einmal aus dem zusammengerechneten Wert fordern kann.

Die Regelung erscheint sachgerecht, da das Musterverfahren für den Beigeladenenvertreter i.d.R. keine Mehrbelastung bedeutet. Der mit der Vertretung des Musterklägers verbundene zusätzliche Arbeitsaufwand erscheint ebenfalls nicht so hoch, dass er eine zusätzliche Vergütung rechtfertigen würde, zumal sich die Gebühren des Musterklägervertreters im Verhältnis zu den Vertretern der Beigeladenen regelmäßig aus dem vergleichsweise höchsten Gegenstandswert bestimmen (vgl. § 7 Abs. 2 Nr. 2 KapMuG-E).

Für den Rechtsanwalt, der den Beklagten in mehreren Prozessverfahren vertritt, bedeutet das Musterverfahren sogar eine wesentliche Arbeitsersparnis, da die Feststellung der in allen Fällen gleichen schadensersatzbegründenden Anspruchsvoraussetzung in einem Verfahren gebündelt wird.

Soweit das Musterverfahrensgericht seinen Sitz an einem anderen Ort als das Prozessgericht hat und dadurch der Rechtsanwalt einen längeren Anreiseweg hat, steht diesem regelmäßig ein Anspruch auf Ersatz seiner zusätz- lichen Auslagen zu. Ein darüber hinausgehender Ausgleich im Gebührenrecht ist nicht angezeigt.

2. Nach **§ 23** wird folgender **§ 23a** eingefügt:

„§ 23a Gegenstandswert im Musterverfahren nach dem Kapitalanleger- Musterverfahrensgesetz.

Im Musterverfahren nach dem Kapitalanleger-Musterverfahrensgesetz bestimmt sich der Gegenstandswert nach der Höhe der im Prozessverfahren von dem Auftraggeber oder gegen diesen geltend gemachten Schadensersatzforderung.“

Begründung

Wegen der besonderen Bedeutung des Musterverfahrens für den Ausgang des zu Grunde liegenden Prozessverfahrens soll für das Musterverfahren nicht lediglich ein Bruchteil des Hauptsachewerts angenommen werden. Vielmehr sieht die vorgeschlagene Regelung vor, im Musterverfahren – wie im Prozessverfahren – die volle Höhe der geltend gemachten Schadensersatzforderung als Gegenstandswert heranzuziehen.

3. Die **Vorbemerkung 3.2.2 der Anlage 1** wird wie folgt gefasst:

„Vorbemerkung 3.2.2:

Dieser Unterabschnitt ist auch anzuwenden

1. **in den in Vorbemerkung 3.2.1 Absatz 1 genannten Verfahren, wenn sich die Parteien nur durch einen beim Bundesgerichtshof zugelassenen Rechtsanwalt vertreten lassen können,**
2. **in Verfahren über die Rechtsbeschwerde nach § 12 Kap-MuG.“**

Begründung

Die Regelung sieht vor, dass für die Rechtsanwaltsgebühren im Rechtsbeschwerdeverfahren nach dem KapMuG die für das Revisionsverfahren geltenden Gebührenvorschriften anzuwenden sind. Dies entspricht der vorgeschlagenen Gerichtskostenregelung (vgl. Nummer 6 Buchstabe c), die ebenfalls einen Gleichlauf mit den Gebührenvorschriften für das Revisionsverfahren vorsieht.

Artikel 8: Inkrafttreten

Dieses Gesetz tritt am Tag nach der Verkündung in Kraft.

Begründung

Die Vorschrift regelt das Inkrafttreten des Gesetzes.

AUTORENVERZEICHNIS

Wolfgang Arnold "Wolfgang Arnold ist Leiter des Grundsatzreferats der Industrieabteilung im Bundesministerium für Wirtschaft und Arbeit. Im Anschluss an das Studium der Volkswirtschaftslehre und eine Tätigkeit als wissenschaftlicher Mitarbeiter an der Friedrich-Alexander-Universität Erlangen-Nürnberg trat er im Jahr 1987 in die Dienste des Bundeswirtschaftsministeriums. Nach verschiedenen Stationen im Ministerium und bei der Ständigen Vertretung der Bundesrepublik Deutschland bei der EU wurde er 1997 mit der Leitung des Referats für Maschinen- und Anlagenbau betraut. Seit 1999 leitet er das Referat für Grundsatzfragen der Industriepolitik, das insbesondere auch für die Vertretung deutscher Interessen in industriepolitischen Gremien der EU zuständig ist."

Daniel Dettling Studium der Rechts- und Verwaltungswissenschaften in Freiburg, Fribourg (CH) und Potsdam (2. Staatsexamen). Tätigkeit als wissenschaftlicher Mitarbeiter bei Prof. Dr. Umbach. Promotionsarbeit zum Thema „Kontraktmanagement in der Ministerialverwaltung". Seit 2003 selbständiger Berater in Politik und Wirtschaft und Leiter des Think Tanks berlinpolis. Mitgründer der Deutschen Gesellschaft für Politikberatung (degepol), einem Netzwerk von Politikberatern in Berlin und Brüssel. Zahlreiche Veröffentlichungen zu den Themen Wirtschaft und Unternehmen, Politik und Gesellschaft und politische Kommunikation.

Peter Leo Gräf Stellvertretender Leiter des Berliner Büros der WirtschaftsWoche. Nach Zeitungs-Volontariat und Studium der Politikwissenschaft, Volkswirtschaftslehre sowie Neuerer und Neuester Geschichte und der Promotion zum Dr. phil. in Freiburg im Breisgau ab 1995 Tätigkeit im Bundeskanzleramt im Bereich politische Analyse. Seit 1997 Korrespondent der WirtschaftsWoche, zunächst in Bonn, seit 1999 in Berlin.

Thomas Mahlich Partner im Frankfurter Büro von Jones Day und Koordinator der deutschen Praxisgruppe "Rechtsstreitigkeiten und Schiedsverfahren". Studium der Rechtswissenschaften in Frankfurt am Main und Sacramento/USA. Zulassung zum Rechtsanwalt beim Land- und Oberlandesgericht in Frankfurt am Main sowie im US-Bundesstaat Arizona. Spezialisierung: Zivil- und handelsrechtliche Rechtsstreite und Schiedsverfahren; Rechtsstreitigkeiten in den USA.

Fabian Reuschle Studium der Rechtswissenschaften an der Universität Passau und an der Ludwig-Maximilians-Universität in München (2. Staatsexamen). Promotion Prof. Dr. Rimmelspacher im Zivilprozessrecht. Tätigkeit als Richter am LG Stuttgart. 2001 Abordnung an das Bundesministerium der Justiz. Referent für Bank-, Börsen- und Wertpapierrecht, Genossenschaftsrecht sowie für Handelsgeschäfte und Transportrecht. Neben der zivilprozessualen Dissertation „Das Nacheinander von Entscheidungen – Eine Untersuchung über die Auswirkungen einer späteren Entscheidung auf den Geltungsanspruch eines vorausgegangenen rechtskräftigen Zivilurteils" (Diss. in Duncker & Humblot, 1998 PR 142) mehrere Veröffentlichungen zum Wirtschaftsrecht, zuletzt zu dem Thema „Möglichkeiten und Grenzen kollektiver Rechtsverfolgung – Zu den Defiziten im deutschen Prozessrecht, der Übertragbarkeit ausländischer Lösungen und den Grundzügen eines kollektiven Musterverfahrens" (WM 2004, S. 966 –979).

Kyrill-A. Schwarz Studium der Rechtswissenschaften an der Freien Universität Berlin und Universität Göttingen. Promotion 1995 mit der Arbeit „Finanzverfassung und kommunale Selbstverwaltung", Habilitation 2001 mit der Arbeit „Vertrauensschutz als Verfassungsprinzip". Lehrstuhlvertretungen an den Universitäten Bielefeld und Potsdam; Lehr- und Forschungsaufenthalte an der Staatlichen Universität Kaliningrad und der Universität Nanjing. Bisherige Forschungsschwerpunkte (über 70 Publikationen) sind das Finanzverfassungsrecht, das Staats- und Verwaltungsrecht, die Verfassungsgeschichte, das Internationale Wirtschaftsrecht und das Umweltvölkerrecht.

Jan Söffing Studium der Rechtswissenschaften an der Universität Bonn (2. Staatsexamen). Richter am OLG Düsseldorf, Tätigkeit als Referent im Justizministerium des Landes Nordrhein-Westfalen. Referatsleiter im Justizministerium NRW. Seit Juni 2000 Mitglied des Landtags Nordrhein-Westfalen. Vizepräsident des Landtags und rechtspolitischer Sprecher der FDP-Landtagsfraktion.

Dieter C. Umbach Studium in Münster, Genf, Heidelberg, Montpelllier und Oxford. Universitätsprofessor (Universität Potsdam, Lehrstuhl für Verwaltungsrecht mit Sozialrecht sowie Europäisches Verfassungsrecht), Vorsitzender Richter am Landessozialgericht a.D. Er ist Autor und Herausgeber mehrerer großer Kommentare zum Verfassungsprozessrecht und

Verfassungsrecht (Mitarbeiterkommentar zum GG, Mitarbeiterkommentar zum BVerfGG), mehrere Jahre Wissenschaftlicher Mitarbeiter am Bundesverfassungsgericht im 1. und 2. Senat, derzeit zugleich Chairman der Confidentiality Commission der OPCW in Den Haag.

Fabian Volz Studium der Rechtswissenschaften an der Universität Tübingen (2. Staatsexamen). Zulassung als Anwalt. Seit 2000 Rechtsanwalt im Münchener Büro der internationalen Sozietät Lovells (Produkthaftung, Produktsicherheit und des Versicherungsrechts mit Schwerpunkt in der Automobil- und Elektronikindustrie). Aktuell zum Thema veröffentlichte er die Aufsätze "Neue Möglichkeiten der Beweisverwertung nach dem Justizmodernisierungsgesetz" (PHi 2004, Seite 16 ff.) sowie "The Kaprun Ski Train Fire: A Case for US Courts?" (International Law Office vom 30.03.2004 *http://www.international-lawoffice.com/ld.cfm?Newsletters__Ref=8225* mit Dr. Miriam Hannes). Referent auf den Lovells-Seminaren "Managing Product Liability Litigation – The International Dimension" in Mailand 2003 und Paris 2004.

Jan Wulfetange Studium der Rechtswissenschaften an der Universität Marburg/Lahn (2. Staatsexamen). Seit November 1999 für den Bundesverband der Deutschen Industrie in der Abteilung Recht, Wettbewerbspolitik und Versicherung in den Bereichen Gesellschafts-, Kapitalmarkt-, Haftungs- und Versicherungsrecht tätig.

REGISTER

W

Z

Potsdamer Rechtswissenschaftliche Reihe

Herausgegeben von Univ.-Prof. Dr. Dieter C. Umbach, VRLSG a.D.

Die Bände 1-12 sind beim Springer-Verlag erschienen.

Band 13 Christian Liedtke: Die Verklarung. Entwicklung und Bedeutung eines Institutes aus dem Seehandelsrecht. 2002

Band 14 Thomas Palm: Akteneinsicht im öffentlichen Recht. Eine Darstellung der Voraussetzungen für die Gewährung von Akteneinsicht in behördlichen und in gerichtlichen Verfahren. 2002.

Band 15 Markus Schuback: Die Ausweisung nach dem Ausländergesetz in der Rechtsprechungskonzeption der Gerichte. Unter besonderer Berücksichtigung verfassungsrechtlicher und völkerrechtlicher Maßstäbe. 2003.

Band 16 Hansjürgen Tuengerthal: Zur Umsetzung von EG-Richtlinien und staatengerichteten EG-Entscheidungen in deutsches Recht und Überprüfung der Umsetzung der Fleischhygienegebührenrechtsakte der EG. 2003.

Band 17 Bettina Wehrisch: Die Beteiligungsrechte der Personalvertretung bei der Einstellung und Kündigung von wissenschaftlichen Mitarbeitern an Universitäten. 2003.

Band 18 Ernst Benda / Dieter C. Umbach: Stasi-Akten und das Persönlichkeitsrecht von Politikern. Unter Mitwirkung von Franz-Wilhelm Dollinger. 2004.

Band 19 Wolfgang Jakob: Rechtswidrigkeit im Staatshaftungsrecht. Die Bedeutung des Handlungsunrechts für die Begrenzung der Haftung bei verschuldensunabhängigen Tatbeständen. 2004.

Band 20 Dieter C. Umbach / Daniel Dettling (Hrsg.): Vom individuellen zum kollektiven Verbraucherschutz. Amerikanische „class action“, europäische Produkthaftung und deutsches Rechtssystem. 2005.

www.peterlang.de

FSC
www.fsc.org
MIX
Papier | Fördert gute Waldnutzung
FSC® C083411

Kolibri 360 GmbH
Ferdinand-Jühlke-Straße 7
99095 Erfurt, Deutschland
produktsicherheit@kolibri360.de

Druck:
CPI Druckdienstleistungen GmbH
im Auftrag der
Kolibri 360 GmbH
Ferdinand-Jühlke-Str. 7
99095 Erfurt